【公孫策說歷史故事（三）】

黎民恨

王莽篡漢到光武中興的人心離變

公孫策

〈總序〉三十本經典，一千個故事

經典之所以為經典，因為它的價值歷久不衰。例如我們對經典老歌，總能哼上幾句；對經典名句（如「多行不義必自斃」等）也能琅琅上口。可是一聽到「四書五經」、「經史子集」，大多數人都會敬而遠之。

原因之一，是我們對經典的整理工作，做得太少了。宋朝朱熹注解《四書》，就是一種整理工作，也的確讓《四書》普及於當時的一般人。清朝蘅塘退士輯《唐詩三百首》、吳氏兄弟輯《古文觀止》，也都是著眼於「經典普及化」的整理工作。然而，中華民國建國一百年了，卻未見值得稱道的經典整理作品。

另一個原因，是考試成了教育的唯一目的。於是，凡考試不考的，學生當然就不讀。這不能怪學生，也不能怪老師，事實上大家都為了考試心無旁鶩。而那些對經典充滿使命感的大人們，只好規定一些必考的經典。其結果是，學生為了考試，讀了、背了，考完就忘了，而且從此痛恨讀經，視經典為洪水猛獸或深仇大恨——經典反成了學生心目中的「全民公敵」！

城邦出版集團執行長何飛鵬兄對中國經典有他的使命感，城邦也出版了很多「經典整理」的書籍，如：〈中文經典100句〉、〈經典一日通〉等系列。飛鵬兄建議我「以三十本經典為範疇，寫至少一千個故事」，取材標準則是「好聽的故事、經典的故事、有用的故事」。

於是我發願以四年時間，寫完一千個故事，而且每天一個故事（周休二日），在城邦集團的「POPO原創」網站發表。

也就是說，這一個系列嘗試以「說故事」的形式，將經典整理成能夠普及大眾的版本。不是「概論」，也不是「譯本」，而是故事書。然為傳承經典，加入「原典精華」，讓讀者又不僅僅是看故事書而已。

公孫策

二〇一一年秋

目錄

王莽篡漢

光武中興

〈推薦序〉何必曰恨？

公孫策說歷史故事不是一天兩天了。作為一位資深的媒體人，他多年前就在新聞專業雜誌上以借古諷今的手段讓許多浮舞於塵世之間光怪陸離的政治現象有了可參照的歷史向度，從而讀者非但對現實有了更冷雋的透視；對古史似乎也可以感受到更多的溫度。

我很訝異他的書沒能夠成為中學生的歷史教材（或者至少是歷史科的補充教材），像這樣淺顯易懂而兼具史識的書，他已經寫了兩本（《英雄劫》《大對決》），據說還得寫足一千個故事，若能結合歷史教學，讓學子在生動的文筆點染之下，貫通歷史事件枝葉紛披的繁複因果，而能從主流的歷史敘事和曉暢的世情觀察中啟發更深遠的知見，這是多麼可觀而方便的教育？

可是轉念一想，又覺得幸好公孫策的著作沒有列入教科書隊伍裡，成為升學考試的敲門磚。一旦淪為彼道之阿修羅，那些隨史事而演出的神采與文采注定淪為截搭割裂、刁鑽欺人的考題，則學子恐怕只能在強迫取分的惡戲中喪失對歷史甚至史學有意義的好奇心了。

然而我仍然要在公孫策多年來所吸引的成人讀者之外，對廣大的學生族群、或者許多不為獵取分數而求知的讀者，推介這一本《黎民恨》。

公孫策為我們掌握了一個從「人心厭漢」到「人心思漢」的轉捩主軸，看似以王莽「何興之暴也」又「何亡之疾也」的深刻原因，有現實面的、更有思想面的。西漢尊儒，世所共知，但是長期獨尊儒術的結果，使得在制度面上「發巖穴」「舉孝廉」的種種措施，反而成為有心倖進於士朝者極可利用的門道。

這個人事流動的內在肌理早在漢宣帝、漢元帝時代便已成形，所以王夫之論此：「士大夫以鄙夫之心，挾儒術以飾其貪頑。」——過去幾年台灣人動不動就選出「假」、「偽」等字作為「年度字」的底細——老百姓的眼睛是雪亮的？是，也不是，老百姓的眼睛總是在事過境遷之後才變得雪亮；此黎民之恨所由生也。

偽術初起時，總是堂而皇之，冠冕軒昂，所以王夫之痛斥匡衡、貢禹那樣的儒者，不能度德相時，只知舍本逐末，他們的拘遷迂闊，具體表現在「興明堂辟雍，仿周官、飾學校於衰淫之世」。可是對於經學淪為五行災祥之說、易姓受符之術，卻完全束手，只能任令假借者以更深刻的詐術將儒道轉變為「信天命而廢人事」的晃子。

在這種潮流掩捲之下，王莽「自以為周公，則周公矣；自以為舜，則舜矣；周公矣、舜矣，無惑乎其相驁如狂而戴之也！」這最後一句：「無惑乎其相驁如狂」和後世多少假借時風所趨而成名立望的政治人物一時備受擁戴，卻了無建樹于國計民生的翻雲覆雨又是多麼地相像？

黎民為甚麼會恨？很簡單，黎民恨的是他們自己瞎，卻又不能有意識地承認。今天的公民社會普遍讓人們自以為不同於古代封建社會裡的愚夫愚婦，殊不知今天的愚夫愚婦只不過是不習當年儒生所習之「陽九百六之數」而已，今天的愚夫愚婦仍然想盡辦法通過升學考試，或者是想盡辦法使其子弟通過升學考試，通過之後，依舊不能免於「相驁如狂」地「凍蒜」此人、「下台」彼人；依舊瞎，瞎了之後不肯承認，所以依舊恨。

中國歷史上第一次由人民發動的抗莽革命，到頭來只是擦亮了頂著「劉」姓的光武帝，畢竟不免落入了「人心思漢」的陳舊迷思。這和今日空洞地高呼輪替、輪替、再輪替……大約沒甚麼差別。我們誤以為從一黨專政到政黨輪替，只有一個進步性的差異，且政治發展也只有此一必然的差異而已。這個誤會使我們不思考歷史發展更為具體、更為繁雜的細節。我們太懶，除了被賦予非此即彼的選擇之外，不能有距離地看待現實——因為我們連看歷史故事都會發懶。

若要真正落實了看來，民主時代的公民若不能奮身立志，永遠走在政治的前面、永遠走在政治的上面，永遠將台面上的政治人物視為芻狗木尸，則現代公民還是要繼續「相鶩如狂」、之後還要再繼續恨下去的。

公孫策發心著手寫了好看的歷史故事，必有其深切而不必明說的期待，而我則期待明眼的讀者真能夠自外於「相鶩如狂」的困境。根本無視於政治人物玩弄的一切價值虛套，何必恨？

張大春

〈導讀〉此恨綿綿無絕期

恨，是一種複雜的情緒，相對於「喜、怒、哀、樂」的單純。

本書表達的恨，可以用白居易〈長恨歌〉來說明：老百姓對皇帝的感覺，從「漢皇重色思傾國」的略有微詞；到「從此君王不早朝」的頗有微詞；到「遂令天下父母心，不重生男重生女」的羨慕與遺憾交織；到「千乘萬騎西南行」（被君王拋棄）的怨；到「六軍不發」的仇恨……；以上都是「恨」。而在國家幾乎滅亡，人民生靈塗炭之時，君王「夜雨聞鈴腸斷聲」不是為黎民；君王劫後回京，嘆的是「黎園子弟白髮吟，椒房阿監青娥老」，仍未思及黎民！白居易最末一句「此恨綿綿無絕期」，說是唐玄宗對楊貴妃的心情，但又何嘗不是老百姓對皇帝的心情？

本書嘗試以王莽篡漢前後的歷史故事，詮釋老百姓對統治者的複雜心情。

事實上，王莽篡漢是中國歷史上一個很特別的案例，一個超級帝國就這麼「和平轉移政權」，由姓劉的交給姓王的，非但不動一兵一卒，甚且萬人稱頌擁戴，原因無他，人心怨漢而已。但是王莽卻又在很短時間內崩潰，因為「人心思漢」。

史學家趙翼說，人心思漢是王莽自己造成的，這話對；可是他卻沒說，王莽篡漢是劉姓皇族自己造成的。趙翼又說，王莽雖詐，最終失敗是因為「愚而已矣」，這話也對；可是他沒說，大漢帝國搞垮的原因，是連續幾個皇帝「昏而已矣」！

大漢帝國如何由盛而衰？王莽又如何由王聖人變成王八蛋？要看懂這一段歷史，得掌握四個關鍵詞：

太后：自漢高祖劉邦逝世的那一刻開始，太后就一直有著絕大的政治影響力。之後的西漢帝國，可以說，太后好，朝政就好，太后的作風，直接反映在朝政上。中間只有漢宣帝劉病已時代沒有太后，大漢子民乃有「宣帝中興」的好時光。

匈奴：漢帝國與匈奴的實力消長，決定了兩國的外交與軍事關係。而王莽的敗筆之一，就是在匈奴國力衰微之刻，沒事生事，惹翻匈奴，終至外患加重了內憂。

穀價：漢朝的興盛是靠著「文景之治」，加上漢武帝的經濟改革大成功，國家富強。到了漢宣帝時，「穀石五錢」，人民生活富足到達頂峰。可是後來昏君輩出，外戚爭權，到了漢元帝時，「京師穀石二百餘，邊郡四百，關東五百，四方饑饉」，這是王莽得以「受漢禪讓」的充分條件之一。可是王莽的失敗改革，卻造成「黃金一斤，易粟二斛」，於是人心思漢。

更始：老百姓日子難過，只好期待「變天」——皇帝是天子，只有天比皇帝大，而野心家乃得以利用這種民心思變，攫取政權。更始，就是「重新開始」，王莽政權設「更始將軍」，綠林軍也有「更始將軍」，綠林的更始將軍甚至成為了更始皇帝。可是那一段過程中，所有的「更始」都令老百姓反而思念前一個統治者！直到光武帝劉秀統一天下，「詔復五銖錢，與民更始」。五銖錢是漢武帝開始發行，劉秀的「更始」，其實是「回到從前」！這二十年間的幾番「更始」，全國人口減少了一千餘萬，千萬冤魂只造就了一批內戰英雄——其實大多數稱不上英雄。

本書基本上講的是西漢盛衰興亡的故事書，只是作者對這一段歷史中，政權在皇帝、太后、外戚、權臣、軍閥之間流轉，老百姓由認命到逃避、到反抗的心理轉變，特別加以強調。

這一段歷史又有兩個特點應予掌握：

抗莽革命是中國歷史上第一次人民起義。以前的「湯武革命」，是部落政治時代的諸酋爭霸；而抗秦革命，則依託於封建時代的諸侯餘緒（例如「楚雖三戶，亡秦必楚」），此其一。

由於抗莽革命是人民起義，因此出現「不惟君擇臣，臣亦擇君」的觀念。過去戰國遊士是爭取諸侯君王賞識，楚漢相爭時亦然，都是「君擇臣」。可是本書中英雄人物如馮異、耿弇，都不是投靠劉秀，而是「慧眼識英主」，劉秀靠他們才創造局面。而馬援更遊走於三位「天子候選人」之間，最終選擇了劉秀，此其二。

反而，劉秀最終統一天下，使得「人心思漢」被證明成立，卻成為後世改朝換代時的「愚忠」理論基礎，形成政權轉移的「進化障礙」，令人不無「遺恨」！

作者 識

黎民恨

楔子

王莽篡漢有兩塊「模版」與兩個充分條件，直接或間接的為王莽排除了障礙。

模版一、堯舜禪讓

中國的儒家兩千多年來「言必稱堯舜」，堯舜為什麼成為賢君的代稱？

秦始皇統一天下，功業空前。有一次他問群臣：「我已經超過五帝的功績，誰可以接替我治天下？」有一位官員名叫鮑白令之回答說：「堯舜禪讓天下，不是陛下做得到的。」

原來如此，儒家稱許堯舜是由於堯舜肯讓位給賢人，而不傳位給自己的兒子。

可是，事實真是那樣嗎？

雜家經典《呂氏春秋》對堯讓位給舜有著不同於儒家的記載：

堯以天下禪讓給舜，鯀對堯表示不滿：「你讓舜當天子，至少也該讓我當三公啊！」於是激怒他養的猛獸，發動叛亂。舜召見他，他抗命不去，在原野上呼嘯來去，造成禍患，於是舜便在羽山將鯀誅殺。鯀的兒子禹不敢怨恨舜，反而恭順事奉，治理水患不辭辛勞，面孔曬得黧黑，累得舉步維艱，以此取悅舜之心。

再看另一本神話經典《山海經》：

【原典精華】

洪水滔天，鯀竊帝①之息壤②以堙③洪水，不待帝命。帝令祝融殺鯀于羽郊。鯀復生禹，帝乃命禹卒④布土⑤以定九州。

——《山海經．海內經》

①帝：天帝。
②息壤：傳說中能生長不已的土壤。
③堙：音「因」，填堵、埋阻。
④卒：遂行。
⑤布：劃定，整理。布土：指大禹導九川注回海，重新布整國土。

再綜合《國語》、《竹書紀年》等史書或半史半神話，描繪出一個完整故事：

帝堯起初派共工治水，共工推倒高山堵水，卻因而堵塞了河流，使得洪水橫流，氾濫於天下，但堯並沒殺他，再派鯀收拾爛攤子。鯀偷了天帝的息壤，阻絕洪水，讓老百姓得免於水患，但因洪水仍然四處橫溢，舜便以此為由殺了鯀。

所以，合理的懷疑是：堯的女婿舜鬥贏了堯的兒子丹朱，誅殺了對人民有功勞、卻桀傲不馴的政敵鯀。至於舜傳位給禹，則是形勢比人強，禹為人民立下了大功勞，而贏回了政權。

如果以上故事比儒家寫的史書更接近事實，那麼「禪讓」就只是權力鬥爭的美麗包裝而已。王莽篡漢以及後世歷次篡奪政權，都以禪讓為名，反而接近事實。

模版二、周公佐成王

周武王破紂滅商之後兩年，天下尚未安定，周武王卻病倒了。姜太公和召公提議去文王廟求卜問吉凶，周公說：「這件事不應該讓先王憂心。」

於是設立三座神壇，向周國三位祖先祈禱，表示願意以自己的身體代替武王的身體

（承受死亡）。然後，才去三座祖廟求卜，卜者都說「吉」。周公將祝禱文封進金匱中，並告誡看守的人不許妄言。第二天，武王的病就好了。

後來，周武王去世，周成王年幼，尚在襁褓之中。周公乃踐天子之位，代成王攝政，處理國事。

武王的弟弟、周公的哥哥管叔與其他兄弟乃到處放話：「周公將對成王不利。」周公對姜太公與召公說：「我之所以不避嫌疑以行攝政，是擔心天下諸侯叛變，無以向三王交代，為了周朝大業，我才這麼做。」於是不顧流言，輔佐成王。一直到成王長大，能夠臨朝聽政了，周公才交還大政。成王臨朝，周公北向就臣子之位，態度恭謹。

周公攝政時期，成王有一次生病，周公剪下自己的指甲，丟到河裡，向神明祝禱：「君王年少，不懂事，干犯神明的是我，姬旦。」同樣將祝禱文藏進內府。

成王當政後，有人密告周公，周公逃到楚地。成王打開內府密室，看見周公當年的祝禱文，感動流涕，將周公迎回朝廷。

周公去世，忽然天降暴風雷雨，麥禾仆倒，大樹也被連根拔起，人心震恐。成王與大夫們穿上朝服，開啟金匱，看到周公願以自身代替武王的祝禱文。問負責看守的史官，證實其事。成王手持簡書，流著淚說：「不必再為風雷占卜了。周公過去的忠誠與勤勞，我年幼無知，如今上天以風雷開示，我應該以最高禮儀祭祀他。」

祭典完成，天即「降雨反風」，倒下的麥禾重新挺立，成王下令扶植吹倒的大樹。

【原典精華】

武王有疾，不豫，群臣懼，太公、召公乃繆①卜。周公曰：「未可以戚②我先王。」……周公已令史③策告④太王、王季、文王，欲代武王發。……周公藏其策金縢匱⑤中，戒守者勿敢言。明日，武王有瘳⑥。

……

初，成王少時，病，周公乃自揃⑦其蚤⑧，沉之河，以祝於神曰：「王少未有識，奸神命者乃旦也。」亦藏其策於府。

……

周公卒後，秋未穫，暴風雷，禾盡偃，大木盡拔，周國大恐。成王與大夫朝服以開金縢書，……成王執書以泣，曰：「自今後，其無繆卜乎，昔周公勤勞王家，惟予幼人弗及知。今天動威以彰周公之德，惟朕小子其迎，我國家禮亦宜之。」王出郊

⑨，天乃雨，反風，禾盡起。

——《史記·魯周公世家》

這段歷史近乎神話，卻為王莽大加發揚，他攫取權力過程，幾乎都在模仿周公佐成王的動作，以此欺騙天下。

條件一、始皇帝死而地分

秦王政削平六國，統一天下，自認為功過三皇、德配五帝，於是給自己加尊號「皇

---

①繆：音義皆同「謀」。
②戚：憂心。
③史：負責占卜的官。
④策：簡冊，古時文書刻在竹簡上，串成冊。策告：以文書祝禱。
⑤縢：音「騰」，封閉。匱：同「櫃」。金縢匱：鎔金以封櫃。
⑥瘳：音「抽」，病癒。
⑦揃：音義皆同「翦」。
⑧蚤：音「早」，指甲。
⑨郊：行郊祭。

帝」。而且自己是始皇帝，兒子以次稱二世、三世，至於萬世，傳之無窮。

為了確保自己建立的帝國能夠傳之無窮，秦始皇將天下兵器收集到咸陽，銷熔後，鑄為十二座超大金人，各重二、三十萬斤。再將天下豪富十二萬戶遷徙到咸陽，將這些有錢人與好勇鬥狠分子集中看管。心想，這樣就不會再有人造反了——這是秦始皇的帝國永續方程式。

秦始皇是一位偉大的皇帝，他的確為一個統一帝國規範了很多很好的制度，例如統一文字、車軌（輪軸間距）與度量衡等。可是他太急了，法律更是嚴苛，人民苦於苛政、苛稅、苛法，卻敢怒不敢言。

直到有一年，一顆殞石墜落在東郡（今山東、河南交界一帶），當地老百姓在上頭刻字「始皇帝死而地分」。

秦始皇派司法官員去查這件事，沒有人承認，於是將殞石墜落地點附近的老百姓全部殺光（！），並且銷毀殞石。

同一年秋天，有使者在華陰道上，遇到一個人，手拿一塊璧玉交給使者，說：「幫我交給滈池君。」又說：「祖龍今年死亡。」

使者將璧玉帶回咸陽報告，秦始皇默然不語許久，然後說：「山神祂只知道一年的事情。」意思是「祂說了超過祂法力的事情，所以不準的啦」。

秦始皇再讓管皇宮庫房的官員鑑定那塊璧玉，赫然是八年前巡行天下時，途中遇到風雨，拋下江中祭神的那一塊璧玉。

【原典精華】

三十六年，熒惑①守心②。有墜星下東郡，至地為石，黔首或刻其石曰「始皇帝死而地分」。始皇聞之，遣御史逐問，莫服③，盡取石旁居人誅之，因燔④銷其石。

……

秋，使者從關東夜過華陰平舒道，有人持璧遮使者曰：「為吾遺滈池君。」因言曰：「今年祖龍死。」使者問其故，因忽不見，置其璧去。

①熒惑：火星。
②心：心宿，二十八宿之一。守心：（火星）停留在心宿。
③服：認罪。
④燔：音「凡」，焚燒。

使者奉璧具以聞。始皇默然良久，曰：「山鬼⑤固不過知一歲事也。」使御府視璧，乃二十八年行渡江所沉璧也。

——《史記・秦始皇本紀》

龍，是天子的象徵。祖龍，當然是指秦始皇。

滈池君呢？周武王伐紂滅商後，定都滈京，所以滈池君是指周武王。將秦始皇祭江神的璧玉交給滈池君，又說「祖龍今年死」，指的是始皇將死，而天下將發生革命，政權將歸於新的真命天子。

老百姓對秦朝苛政怨恨不敢言，於是在殞石上刻字宣洩。可是秦始皇不怕民怨，只怕天象，殺了百姓、燒了殞石，仍悶悶不樂，派人占卜，卦象說「游徙吉」。於是遷徙北邊三萬戶人家到咸陽，自己則再次巡行天下——有游、有徙，認為應了卦象就可以化解災厄。可是，秦始皇卻在那一次出巡途中死亡。

自秦始皇以降，歷代皇帝大致都信鬼神、占巫或圖讖（神秘預言）。事實上，中國古代的政治，說是以儒家為主流，但儒家只管得了地上，陰陽家卻管了天上和地下。甚至今日的民主政治，政治人物仍不乏迷信算命、風水者。

秦始皇只介意天象、卦象，而不顧民怨，於是人心希望回到戰國；王莽是一位操弄「神蹟」的高手，以之攫取權力，可是他也只介意天象、符讖，而不顧民怨，於是人心思漢。

條件二、非劉不王

漢高祖劉邦得了天下，卻接連誅殺功臣，包括韓信、彭越，因而逼反了英布。且由於韓信、彭越已死，嫡系諸將不是英布對手，只好自己御駕親征，討伐英布。

劉邦與英布在戰場上相望，劉邦遙對英布說：「你已經封了王，何苦要叛亂？」英布回答：「因為我現在想當皇帝了。」

劉邦聞言大怒，於是兩軍大戰，最後劉邦勝，英布敗死。

班師途中，經過老家沛縣。劉邦大軍且駐，擺酒筵，召集故鄉父老子弟暢飲。想到自己歷經顛沛，終能平定天下，可是天下英雄豪傑仍然覬覦江山。心有所思，感慨加上酒

⑤山鬼：山神，古人神、鬼通用。

意，當場做了一首〈大風歌〉：

大風起兮雲飛揚，威加海內兮歸故鄉，安得猛士兮守四方？

劉邦親自擊筑，教沛縣子弟一百二十人大合唱。大夥兒唱得興致盎然，劉邦更趁著酒意起舞。但是，愈舞卻心情愈沉重，乃至泣涕流淚。

【原典精華】

（劉邦平定英布）還過沛，留置酒沛宮。悉召故人父老子弟佐酒①。發沛中兒②，得百二十人，教之歌。酒酣，高祖擊筑③，自為歌詩曰：「大風起兮雲飛揚，威加海內兮歸故鄉，安得猛士兮守四方？」令兒皆和習之。高祖乃起舞，慷慨傷懷，泣數行下。

——《史記．高祖本紀》

回到長安後，下詔：我立為天子已經十二年，與天下豪傑、賢大夫共定天下，也共同治理。有功勞的都封了王、侯，重臣的子女也得封侯、公主，各都有食邑、有印信、有宅第，可以說是對得起天下賢士、功臣了。將來若有不義之人，擅自起兵（叛變）者，將與天下共伐誅之。

詔令下後，劉邦想想仍不放心，連自己從小共穿一條褲子的盧綰尚且叛變，可見異姓皆不可信。於是召集起義諸將喝酒，酒酣，一同誓約「今後非劉姓皇族不得封王，非功在國家者不得封侯，若有違背（自稱王侯）者，天下共擊之」。當時異姓諸王已經殺的殺、反的反，在場諸將都封了侯爵，這項約定也有保障他們既得利益的作用，於是個個應諾。

這是劉邦的帝國永續方程式，糾正了秦始皇的方程式缺點（發生亂事時無宗室勤王），但西漢帝國的發展卻是：誅殺了異姓諸王，防不了強大宗室；削弱了劉姓諸王，卻讓外戚坐大——人民若不安，什麼方程式都沒用。

---

①佐酒：一同飲酒同樂。
②兒：年輕人。
③筑：音「築」，古樂器，以竹片敲擊弦發聲。

帝國盛衰

天下將興，其積必有源；天下將亡，其發必有門。
……故其敗也，必有大隙焉，而日潰之。

～蘇軾〈策斷〉

1、人彘

〈大風歌〉的憂心忡忡，與「非劉不王」的防備重重，都是由於劉邦在征英布時受了箭傷，且傷勢日益加劇，所產生的時不我予壓力。

回到長安的劉邦，躺著的時間居多。這一天，傷口疼痛難忍，劉邦在病榻上輾轉呻吟。呂后找來良醫，醫生奉旨進宮，望聞問切之後，劉邦問他：「這病還可治嗎？」

醫生略微遲疑了一下，答：「可以治。」

劉邦破口大罵：「混蛋！老子以一個老百姓，提三尺劍取得天下，這是天命。我的命既然繫於上天，如果該死，縱使扁鵲來治，又豈能改變天意！」轉頭對呂后說：「賞他五十金，教他回去吧！」

醫生走了，呂后等劉邦氣平以後，問：「陛下百歲以後，如果蕭相國死了，誰能接替他的位置？」蕭相國，指的是蕭何。

劉邦說：「曹參可以。」蕭何與曹參是當初沛縣起義的兩位最重要幹部。

呂后又問：「那曹參之後呢？」

劉邦心頭陡然驚覺：呂后將會活得比蕭何、曹參都久，太子劉盈軟弱，一切都聽母親的。搞不好，劉姓的天下會落入呂姓手中。他煞費苦心誅除功臣，卻沒有人可以制呂后。

於是劉邦布下了他的最後一局，說：「王陵可以，可是王陵稍嫌憨直，不能通權達變，陳平可以襄助他。陳平小聰明很多，可是不能獨當大局，周勃可以補他不足。周勃為人厚重，不做表面工夫，可是將來安定劉氏天下的，必定是周勃，可以讓他當太尉（掌軍事）。」

呂后再問：「以後呢？」

劉邦說：「再往後，妳也管不到了。」

交代完後事不久，劉邦就駕崩了。過了四天，呂后秘不發喪，與親信審食其暗中謀畫，想要殺盡諸將功臣。

消息外洩，開國功臣之一的酈商去對審食其說：「我聽聞有那麼一個陰謀。若真要那麼做，天下可就危險了。眼前陳平、灌嬰領十萬大軍守滎陽，樊噲、周勃領二十萬大軍還在燕、代前線。如果此時將帥知道有那麼一個陰謀，帶兵回攻關中，大臣在內、諸侯在外，裡應外合，天下之亡可以翹足以待。」

審食其同意這個說法，急忙入宮向呂后報告。於是即日發喪，並大赦天下。太子劉盈即位為漢惠帝，尊母親呂雉為皇太后。

漢惠帝生性闇弱，凡事都聽呂太后的。呂太后當家，第一件事情就是報從前「奪床」之恨。

劉邦生前最喜歡的兒子是趙王劉如意，因為劉如意「最像」他——劉邦最在意的是他以生命打來的天下可以永續緜祚，而劉如意的格局較大，使得劉邦一再想要換太子。劉如意的母親戚夫人得劉邦寵愛，她發現劉邦的心思後，「日夜啼泣」要劉邦易太子。但是呂后採用了張良的計策，成功保住了劉盈的太子地位，如今成為漢惠帝。

呂太后發出的第一道命令：將戚姬幽禁到別宮，然後徵召趙王到長安。

趙國宰相周昌對呂后派來的使者說：「高帝將趙王託付給我，我聽說太后對戚夫人有怨，想要殺趙王，所以我不敢讓趙王去長安。而且趙王目前生病中，不宜勞動。」

接連三批使者都叫不來，呂后大怒，派人宣召趙相周昌來京，周昌應召到了長安，呂后再派使者去召趙王。

這一次，趙王劉如意應召來到長安。惠帝個性仁厚，知道母親要殺害這個弟弟，乃親自到霸上迎接趙王，兩人一同入宮，每天飲食起居都在一起，讓呂太后沒有機會下手。

有一天，惠帝一早出外射箭，趙王年輕貪睡，呂太后得知，急速派人拿毒酒將趙王鴆殺。等到惠帝回宮，趙王已經氣絕。

接下去就要「處理」戚姬了。呂太后對待戚姬的手法非常殘酷：截去她手足四肢，挖去雙眼，用藥薰聾雙耳，逼她喝下啞藥，將她丟在廁所裡（應該已活不了），稱之為「人彘」。

【原典精華】

太后遂斷戚夫人手足，去眼，煇①耳，飲瘖②藥，使居廁中，命曰人彘③。

——《史記・呂太后本紀》

過了幾天，太后教惠帝一同「觀賞」人彘。惠帝知道那是戚夫人後，大哭，為此病倒一年多。派人去對母親說：「這不是人做得出來的事情，我是妳的兒子，這皇帝做不得了。」

從此，惠帝每天飲酒作樂，不再聽政，而且身體愈來愈壞。

①煇：音「燻」，同義。

②瘖：音「因」，啞。

③彘：音「至」，豬的別稱。

2、諸呂之亂

漢惠帝劉盈身體不好，能力也不行。

更因為母后強勢，他只能消極做個不管事的空頭皇帝。幸而朝政有蕭何、曹參，「蕭規曹隨」奠定了大漢帝國的長治基礎。

呂太后對內強勢，對外卻曉得國力不足，對匈奴百般忍耐。

有一次，匈奴單于攣提冒頓寫了一封信「挑逗」呂太后。大意是：

我是北方草澤上一個孤獨寂寞的君王，新寡的妳，想必也孤獨寂寞，兩個君主都不快樂，又無法取悅自己。我願意以自己所有的，交換妳所沒有的。

漢朝群臣諸將都為此抓狂，可是呂太后終究忍了下來，命人回信，說：

單于念念不忘敝國，賜書問候，我國深為恐懼。我本應前往侍奉單于，可是自忖年老氣衰，頭髮、牙齒都脫落了，連走路都蹣跚不便。單于對我的期望過高，我實在無法勝任，如果我真的前往，只不過讓你成為笑話而已。敝國並未得罪貴國，請你寬恕。謹獻上兩套四匹馬拉動的皇家用車，供你驅使。

以此可見，呂雉的EQ高過那些大臣、諸將，若不是她主政，只怕漢朝就此結束也說不定。

然而，漢惠帝劉盈只做了七年皇帝，就病死了。他一死，呂雉的太后登時有合法性問題。因而，她為惠帝傷心，哭歸哭，卻沒流下眼淚。

張良的兒子張辟彊當時在宮中侍從皇帝，年方十五歲。他對兩位丞相說：「太后只有一個兒子，如今皇帝崩逝，卻哭而無淚，你們知道原因嗎？」

丞相問：「什麼原因？」

張辟彊說：「皇帝的兒子還小，太后擔心罩不住你們這班老革命。你們兩位如果奏請任命太后娘家兄弟呂台、呂產、呂祿為將軍，掌握長安禁軍兵權，再讓呂氏族人能入宮裏助政務，太后就心安了。你們也得以免禍了。」

丞相照張辟彊的建議行事，果然呂太后很高興，哭的時候也流出眼淚了。而呂氏外戚從此開始柄權，也開啟了西漢外戚干政的一頁。

【原典精華】

孝惠帝崩。發喪，太后哭，泣不下。留侯子張辟彊為侍中，年十五，謂丞相曰：「太后獨有孝惠，今崩，哭不悲，君知其解乎？」丞相曰：「何解？」辟彊曰：「帝毋壯子，太后畏君等。君今請拜呂台、呂產、呂祿為將，將兵居南北軍①，及諸呂皆入宮，居中用事，如此則太后心安，君等幸得脫禍矣。」丞相乃如辟彊計。太后說②，其哭乃哀。呂氏權由此起。乃大赦天下。

——《史記．呂太后本紀》

惠帝生前無子，呂太后命皇后張嫣其他宮人的兒子，取名劉恭，並將劉恭的生母殺掉，再立劉恭為太子。劉恭這下繼位為皇帝，史稱「前少帝」，呂雉成為太皇太后，正式臨朝聽政。

少帝劉恭後來發現自己的身世，以及親娘的遭遇，抱怨了一句：「等我長大以後，再說。」這話傳到太皇太后耳中，立即將他囚禁到別宮，對外宣稱皇帝患病很重，不許任何人入見。之後又將劉恭罷黜、處死——這又開啟了西漢「廢帝」的一頁。

太皇太后再立劉弘為皇帝，史稱「後少帝」。而呂雉則更進一步控制政府，想要封娘家侄兒們為王，將來可以取代劉姓諸王。

她先問右丞相王陵意見。蕭何、曹參之後，依照劉邦的規畫，王陵為右丞相，陳平為左丞相，周勃擔任太尉。

王陵一如劉邦所言「太憨直」，他回答呂太后，說：「高皇帝曾經與諸將斬白馬為誓：『非劉姓的若封王，天下人一同討伐之』，如今若呂姓封王，不合誓約。」

呂雉大不高興，問左丞相陳平與太尉周勃。這兩人默契十足，也了解呂后心狠手辣，因此回答：「高帝平定天下，封劉姓子弟為王。如今太后臨朝主政，實際主宰天下，封呂姓子弟為王，沒什麼不可以。」呂太后才轉怒為喜。

朝會結束，王陵責備陳平與周勃：「當初高帝與大夥歃血盟誓，你倆難道不在場嗎？

①南北軍：長安城衛戍部隊分南、北二軍。
②說：同「悅」，借用字。

如今高帝去世，太后要封呂氏為王，你們兩個奉承拍馬，背棄誓言，將來有何面目見高帝於地下？」

陳平、周勃說：「當面在朝廷上力爭，咱倆不如閣下；可是保全國家、保全劉姓後裔，閣下可不如我倆。」

過了幾天，呂太后「擢升」王陵為太傅。太傅是皇帝的師傅，三公之一，地位崇高，但丞相的權力就被剝奪，這一招叫做「一腳踢到樓上」。陳平升為右丞相，呂后的心腹審食其擔任左丞相，周勃仍然擔任太尉。

然後，呂雉追尊亡父呂文為宣王，亡兄呂澤為悼武王，呂澤的兒子呂台為呂王，呂產為梁王，呂祿為趙王。

呂姓諸王當權，其他呂氏外戚更行徑囂張，幸賴陳平、周勃，不讓諸呂的手伸進政府。而劉邦的預測再次應驗：呂太后老了、病了，她管不到後面的事了。

可是呂太后不願撒手，她曉得自己日子不多了，下令由趙王呂祿掌管北軍，梁王呂產掌管南軍。告誡二人：「呂氏封的諸王，大臣都不服氣。我已經快死了，皇帝年紀小，恐怕大臣作亂。你倆一定要掌握軍隊，緊守宮殿，千萬別為我送葬，以免出宮時讓人有機可乘。」

太后駕崩，遺詔：大赦天下，以呂產為相國，以呂祿的女兒為皇后（呂祿乃可以國舅身分干政）。

呂太后一死，東方的齊王劉襄立即起兵，揚言「入京誅除諸呂」。相國呂產派灌嬰領軍平亂，灌嬰大軍抵達滎陽，停下來觀望，並派人通知劉襄按兵不動，靜候情勢發展。

長安城內，呂產、呂祿掌握兵權，遵從太后臨終交代，戒備森嚴，令劉姓皇族與大臣沒有機會可乘。於是雙方陷入緊張的僵持，風雨欲來，不知何時引爆。

陳平再次提出奇計：曲周侯酈商年邁多病，他的兒子酈寄跟呂祿是哥兒們，陳平與周勃挾持酈商，要求酈寄參與反呂密謀。

於是酈寄去對呂祿說：「高帝與太后一同創大業，劉姓九人封王，呂姓三人封王，都出於大臣公議、朝廷正式發布、天下諸侯認同。如今太后崩殂，閣下身佩趙王印信，卻不回到封國，留在京城擔任上將軍，手握重兵，不能不引起大臣的猜疑，這不是智慧的決定。你何不歸還將印，將兵權交還太尉，也請梁王（呂產）歸還相印，你倆與大臣一同盟誓，各自回到封國。這樣，齊兵師出無名，一定撤退，大臣們也得安心，閣下則可高枕無憂當你的千里之國國主，這可是子孫萬代的利益呀！」

呂祿聽信酈寄之言，交出印信，然後周勃展開行動：假傳聖旨，接管北軍。

周勃升堂，下令：「效忠呂氏的袒露右臂，效忠劉氏的袒露左臂。」軍士們全都袒露左臂，周勃乃完全控制北軍。

陳平再獻計：由朱虛侯劉章守衛轅門，防備南軍，阻止呂產進入宮殿。呂產假小皇帝劉弘（後少帝）之名，派人持節勞軍。使者被劉章挾持，連人帶節上車，奔走招降，並且在一陣混亂中殺了呂產。

局面已由周勃與劉章控制，於是搜捕呂氏王侯，一律誅殺，平定了一場「諸呂之亂」。

3、文景之治

誅除諸呂本質上是一次宮廷流血政變，劉邦臨終布下的棋，終能保住了劉姓江山。周勃、陳平等人，對劉邦忠心耿耿，在誅除諸呂之後，迎立劉邦的一個兒子代王劉恆為帝，是為漢文帝。

長安城內此時的實力人物是周勃，漢文帝劉恆只是迎來的形式上領袖。雖然君臣名分已定，可是權力要怎麼轉移，得看新皇帝的作為。

最懂得持盈保泰的人是陳平，他以健康理由主動向皇帝請辭。文帝問他理由，他說：「高祖時代，周勃的功勞不如我；可是這一次誅除諸呂，我的功勞不如周勃。我願意將右丞相的位置讓給周勃。」

這是陳平聰明之處，他避免了成為「夾心餅乾」的危機——萬一周勃與皇帝發生衝突，他正好夾在中間，但若周勃成為首相右為尊，他就避開了。

於是漢文帝任命周勃為右丞相，陳平調為左丞相，周勃空出的太尉一職，由灌嬰接任——這也讓周勃交出兵權，避免了軍事政變的可能性。

漢文帝對周勃敬畏有加，有一次，周勃下朝時，神態甚為得意，皇帝對他十分禮敬，總是以目光送他出朝（以示禮遇）。

漢文帝漸漸進入狀況。有一天上朝，皇帝問右丞相周勃：「天下一年判決多少司法案件？」周勃謝罪說：「不知。」皇帝再問：「一年賦稅收入多少錢、穀？」周勃仍然不知，為之惶恐又慚愧，背上出汗，內衣全濕。

皇帝再問左丞相陳平，陳平說：「這些事情都有主管官員。」皇帝問：「誰主管？」陳平說：「陛下要知道訟案，就問廷尉；要知道錢穀，就問治粟內史。」

皇帝說：「既然各有主管官員，那閣下管什麼事情？」

陳平說：「宰相的職務，對上輔佐天子、調理陰陽，注意農時、不違四季節氣；對下讓天下人各適其所；對外鎮撫四方諸侯；對內愛護百姓，並使卿大夫各展其才。」文帝對此稱善。

帝益明習國家事。朝而問右丞相勃曰：「天下一歲決獄幾何？」勃謝不知；又問：「一歲錢穀入幾何？」勃又謝不知；惶愧，汗出沾背。

上問左丞相平。平曰：「有主者。」上曰：「主者謂誰？」曰：「陛下即問決獄，責廷尉；問錢穀，責治粟內史。」

上曰：「苟①各有主者，而君所主者何事也？」

平謝曰：「陛下不知其②駑下③，使待罪④宰相。宰相者，上佐天子，理陰陽，順四時；下遂⑤萬物之宜；外鎮撫四夷諸侯；內親附百姓，使卿大夫各得任其職焉。」

帝乃稱善。

——《資治通鑑．漢紀五》

周勃退朝後抱怨陳平，說：「你平常怎麼沒教我這些話？」

---

①苟：如果。
②其：陳平自稱。
③駑：音「奴」，資質魯鈍。駑下：自謙能力不足。
④待罪：對自己職務的最謙卑說法。
⑤遂：滿足。遂萬物之宜：讓百姓皆得其所。

陳平笑說：「你坐在宰相的位子上，怎麼不知道宰相的職責是什麼？如果皇上問你長安城有多少小偷，你難道也要勉強回答嗎？」

周勃這才明白，他的能力遠不及陳平。而周勃也明白，皇帝在朝廷上「考」丞相，其實不是問司法或賦稅，而是要殺丞相的威風。

想通了以後，周勃稱病辭職，漢文帝立即批准。大漢帝國不再設左右丞相，由陳平獨任丞相。

翌年，陳平逝世，周勃、灌嬰先後擔任丞相，直到開國功臣「輪」完，權力才歸於漢文帝。

漢文帝劉恆被歷史小說家高陽推崇為「史上第一好皇帝」（第二是清康熙帝），他最受稱頌的是節儉。有一次，有關單位奏報要建築一座觀景臺，算一算要花百金（通常指一百鎰，一鎰二十四斤，百金就兩千四百斤黃金）。文帝說：「百金是中等民家十家一年的生產值，我繼承先帝（劉邦）的宮室，總是怕做不好令高祖蒙羞，建什麼樓臺？」

漢文帝平常只穿黑色的絲綢，他最寵愛慎夫人，規定她衣裳長度不得拖到地上，內宮的床帳沒有繡飾。也就是皇帝以身作則，用樸實的生活，作天下表率。

除了節儉，文帝重用一位堪稱古代法官模範的張釋之。

漢文帝出遊霸陵，登高遠眺，慎夫人相隨。慎夫人是邯鄲人，文帝指著新豐道（公路名）說：「這條路通往邯鄲。」慎夫人於是彈奏瑟，皇帝和她的音樂唱歌。由於慎夫人思鄉之心，歌曲悽愴悲懷。

文帝受到歌聲感染，對隨行群臣說：「啊，人生苦短，人死後用北山之石做外槨，再用漆攪和棉絮將槨密封，應該可保無虞了吧！」左右都說：「是啊！」

張釋之當時擔任中郎將，正好隨侍，上前說：「如果棺槨中有寶物陪葬，即使深錮在南山之中，人們也找得到空隙進入。如果裡面沒有值錢東西，即使不用石槨，也不必擔心。」

漢文帝認為他說得很對，不久後，就擢升他為廷尉。

漢文帝經過中渭橋，橋下突然跑過一個人，御車的馬受到驚嚇（也就是皇帝受到驚嚇）。那個人被逮捕，送交廷尉法辦。

張釋之問案，那人供稱：「我是長安本地人，聽到皇帝隊伍來了，來不及走避，只好藏到橋下。久之，以為隊伍過去了，就出來，卻看見車馬大陣仗還在通過，因此快跑離開。」

張釋之判決：一個人「犯蹕」（天子出巡曰「蹕」），罪當罰金（四兩黃金，對平民老百姓而言，已經很重）。

漢文帝對此判決大為不滿，說：「此人驚嚇了我的馬，幸好御馬性溫馴，沒事，若換做其他馬，豈不要了我的命？廷尉卻只判他罰金！」

張釋之此時說出了千古名言：「法者，天子所與天下公共也。如今法律如此規定，若加重處罰，將使人民不信任法律。陛下當時若下令當場殺了那人，也就罷了。既然交下來給廷尉，廷尉好比是天下的天平，廷尉若有傾斜，天下所有司法判決就出現輕重弊病，人民的行為要以什麼來規範？請陛下明察。」

漢文帝等了許久，才說：「廷尉就該這樣啊！」

【原典精華】

釋之曰：「法者，天子所與天下公共也。今法如此而更重①之，是法不信於民也。且方其時，上使立誅之則已。今既下廷尉，廷尉，天下之平也，一傾②而天下用法皆為輕重③，民安所措其手足？唯陛下察之。」

良久，上曰：「廷尉當是也。」

——《史記・張釋之馮唐列傳》

時人稱頌「張釋之為廷尉，天下無冤民」，而文帝時，又發生一件有名的案件「緹縈救父」。

齊國太倉令（掌管齊國糧倉）淳于意犯了罪，應當受刑，朝廷下令將他押解到長安。淳于意沒有兒子，卻有五個女兒，在押上囚車時脫口罵：「生那麼多女兒，沒有兒子，有緊急事情時，完全派不上用場。」

小女兒緹縈隨著父親到了長安，上書皇帝：「小女子的父親擔任公務員，齊國人都稱讚他廉潔且公平，如今因犯罪必須受刑。然而，死者不可復生，砍下的器官不可能接回去，即使想要改過自新，也沒有機會了。我自願被收入官府當奴婢，以贖父親之罪刑，讓他有自新的機會。」

上書到了漢文帝手中，文帝深為感動，下詔「廢止肉刑」。

自秦朝以來，老百姓最渴望的就是司法公正、刑罰寬簡。漢文帝更能獎勵農桑、提倡節儉，當時的人民感覺就像生活在天堂裡。

文帝逝世，兒子劉啟繼位（漢景帝），沿襲父親作風，兩代合稱「文景之治」。

①更：更改。重：加重。
②傾：以天平傾斜喻刑罰無常。
③為輕重：司法判案失去標準，可輕可重。

文景之治有多好？歷史記載：

七十年間，國家沒有發生大的災難。只要不遇到水旱天災，人民可以家家自足。城市和鄉村的糧倉全滿，地方政府的公庫，則堆滿了用不完的貨幣。京師長安的國庫，累積的錢多達萬萬（億）。那些錢原本用繩索串起來方便計算，卻因為多年不用，繩索都朽爛了，以致無法計算。糧倉裡的粟米，一層一層往上堆積，直到滿溢出倉庫外面，下層的想當然就腐爛不可食。

【原典精華】

非遇水旱之災，民則人給家足，都鄙①廩庾②皆滿，而府庫餘貨財。京師之錢累巨萬，貫③朽而不可校④。太倉之粟陳陳相因⑤，充溢露積於外，至腐敗不可食。

——《史記．平準書》

城裡平民老百姓的街巷都有馬匹，田野間更是成群結隊。人們因富足而都騎雄馬，那些騎母馬或小馬的人，都交不到朋友。

街坊守望者都得以吃肉，擔任基層公務員者不願換工作，很樂意在家看著孫子長大，基層官吏由於世襲專業官職，甚至將官名當做姓氏（如姓「倉」、姓「庫」）。因此人人自愛，把犯法當做很嚴重的事情，相互勉勵善行，譴責做羞恥的事。

這是多麼安和樂利的社會？也是西漢帝國的最大資產。後來「人心思漢」，有一大部分是懷念文景之治。

然而，漢景帝劉啟的皇位，卻坐得並不太平。只因為他的祖父劉邦只注意到防範功臣，卻沒想到，大封劉姓昆弟為王以後，強藩也會成為帝國的威脅。

---

①都：城市。鄙：鄉下。
②廩：倉庫。庾：音「雨」，露天的穀倉。
③貫：串起銅錢的繩索。
④校：計算。
⑤陳：舊。因：疊。陳陳相因：新米層層相疊，之前的新米成了陳米。

4、七國之亂

漢文帝因為是外藩入嗣，所以對立儲一事非常謹慎。

大臣建請立太子，劉恆說：「楚王劉交是我的叔父，吳王劉濞是我的兄長（堂兄），淮南王劉長是我的弟弟，我不在他們之中遴選王儲，而要立我的兒子為太子，會受到天下人的批評。」這既是謙讓，也是試探，俟大臣們都表態支持之後，劉恆才指定他的長子劉啟為太子。

文帝提及的三王當中，力量最大的是吳王劉濞（音「闢」），因為吳國有一座銅山，吳王濞既能自己鑄錢，又能煮海水為鹽獲利，所以國用富饒。

漢文帝時，劉濞的太子劉賢到長安朝拜，與皇太子劉啟一道喝酒博奕，堂兄弟起了爭執，劉啟拎起賭博用具（不知何物）砸死了劉賢，於是將遺體送回吳國安葬。

吳王劉濞當然很難過，也很氣憤，說：「劉姓皇族同宗一家人，死在長安，就葬在長安，何必送回來！」將劉賢遺體再運回長安下葬。劉濞自此與朝廷冷戰，稱病不朝。

朝廷一再派使者責問，吳王終於派使者回報：「其實是沒病，可是因為一再被責問，所以情況愈來愈僵。請求皇帝赦免前罪，讓吳王重新來過。」漢文帝乃頒布赦令，賜吳王几杖，體諒他年老，免來長安入朝，朝廷與吳國暫時沒事。

另一位淮南王劉長是劉邦最小的兒子。劉邦親征燕王盧綰與陳豨時，經過邯鄲，女婿張敖將一位美女送進皇帝行宮，就「有」了劉長。可是後來爆發貫高等謀刺劉邦事件，趙王宮中所有女人都拘禁在河內郡，包括劉長的娘，她向獄吏說：「我懷有皇帝的種。」獄吏急忙上報，可是劉邦正在氣頭上，不理。

劉長的舅舅透過審食其去向呂后講情，可是呂后是個妒婦，哪會幫她說情？結果，劉長的母親在獄中生下劉長，自己卻因獄中衛生條件不好而死了。

劉長這「沒娘的孩子」心懷怨恨，懷恨對象包括呂后與審食其。漢文帝三年，他藉到長安朝見天子的機會，刻意邀審食其與他一同出獵，在袖中暗藏鐵椎，打死了審食其，然後袒露上身到皇宮請罪。漢文帝赦免了劉長的罪，劉長反而更加驕縱，淮南國內不行漢朝法令，自己立法。終於漢文帝不能再假裝沒看見，下令撤銷淮南國，將劉長送到長安受審。地方政府將淮南王裝進囚車，傳送長安，一路上郡縣都不敢將囚車封條揭出，也就是一路沒得「放封」。

劉長對他的隨從說：「人家說我有勇力，我有何勇力？我不過態度不佳而已，沒聽過有那麼嚴重，人生一世不過數十年，怎麼受此屈辱？」於是絕食而死。

民間對此事，流傳歌謠：「一尺布還夠縫衣服；一斗粟還可以舂米。兄弟二人卻沒有相容空間。」

漢文帝聽說有這個民歌，感慨的說：「堯舜將兄弟放逐，周公誅殺管叔、蔡叔（都是兄弟），天下人稱讚他們。為什麼？因為他們不以私害公。可是天下人卻為什麼做歌諷刺我？難道以為我貪圖淮南王土地嗎？」

【原典精華】

民有作歌歌淮南厲王曰：「一尺布，尚可縫；一斗粟，尚可舂。兄弟二人不能相容。」上聞之，乃嘆曰：「堯舜放逐骨肉，周公殺管蔡，天下稱聖。何者？不以私害公。天下豈以我為貪淮南王地邪？」

——《史記．淮南衡山列傳》

漢文帝有一位寵臣賈誼一再上疏，要皇帝注意「強枝弱幹」的潛在危機。賈誼用了一個很好的比喻：如今天下大局，好比一個人患了四肢腫大，手指腫得像腿一樣粗，腿腫得像腰一樣粗。平常已經屈伸不便，一、兩根指頭抽筋，全身都會痛楚。如果今天不治療，拖久了必成痼疾，將來即令扁鵲復生，也無能為力。

賈誼的意思是：兄弟是手足，現在的楚王、齊王都是皇帝的手足或手足的骨肉，可是將來情況會變，皇帝與封國王之間的關係會愈來愈疏遠。那時候，封國太大就會威脅天子，將不再是腫病而已，而是腳掌反轉的惡疾了。

可是漢文帝不想觸碰這個敏感話題，召見賈誼時，只跟他談鬼神之事——這是「不問蒼生問鬼神」的典故由來。

文帝崩逝，景帝即位，皇帝年輕，諸藩王多為長輩，因此更加驕縱。

吳王劉濞當然是第一名。文帝對他寬容，他還有些收斂；景帝即位，既是後輩，又是殺子仇人，就更不甩朝廷。吳國有銅山可以鑄錢，又靠海生產食鹽，因此非常富足，人民的兵役、勞役都由吳國國庫繳付代金。於是各地人民望風來歸，其中當然有逃犯，外郡官吏追捕，都被劉濞公然拒絕。如此的效果：人民願意為吳王效死，而境內更多得是亡命之徒，他們在吳國才得以逍遙法外，自然勇於為吳王而戰。易言之，吳國兵源充足，「強枝」

已經大大威脅到「弱幹」。

劉啟還是太子時，太子詹事（總管）晁錯就屢次上書，建議藉吳王濞犯過錯為口實，每次削減一些吳國的土地，可是漢文帝每每想到「一尺布」那件事，加上自己兒子打死對方兒子，所以都不採納。

及至景帝即位，晁錯再上疏：「當年高祖初平定天下時，因為兄弟少、兒子小，大封同姓宗族為王。其中齊國七十餘城、楚國四十餘城、吳國五十餘城，這三王都不是嫡親，卻分去天下太半土地。……（述說吳王過失，主張削弱大藩）。如今削之也反，不削一樣要反。早點削，造反得快一些，禍亂小；現在不削，延後造反，禍亂更大。」

景帝將晁錯的上疏，交付公卿列侯討論，大家都不敢反對（以為是皇帝的意思），於是開始削藩，第一個被開刀的是楚王劉戊。

劉戊荒淫兇暴，告他狀的很多，於是藉著他到長安朝見天子的機會，時任御史大夫的晁錯，彈劾楚王劉戊大罪，依法應處死刑。景帝下令赦免死罪，僅削去東海郡。

接下來，趙王劉遂因犯過失而削去常山郡，膠西王劉卬被削去六個縣。

朝廷開始動手了，吳王濞當然知道主目標是他，於是也積極準備造反。

劉濞估計劉戊沒有選擇，一定會跟進起兵。可是劉戊不是帶兵打仗的材料，而膠西王劉卬有勇力且喜歡研究兵法，就派出一位辯士應高去遊說劉卬。

應高對劉卬說：「俗話說『狧糠及米』（狗先舔食糠，吃完就要吃米了），大王只因為小事就被削減土地，實在罪不至此。依我看，朝廷的目標不止如此而已（最終將會撤藩）。」

劉卬說：「我看也是。但是又能如何？」

應高說：「吳王願意捐軀為天下除患，大王意下如何？」

劉卬聞言，瞿然驚駭，說：「這種事情怎麼可以做！」

應高說：「這全都是御史大夫晁錯以讒言蠱惑天子所導致，諸侯不滿，已經天怒人怨。吳王一方面要求誅殺晁錯，一方面追隨大王之後，揚威天下，肯定所向披靡，誰敢不服？現在只聽大王一句話，吳王率同楚王進攻函谷關，大王據守滎陽、敖倉，阻止漢軍東進。大功告成後，吳王與大王平分天下，不是很好嗎？」

劉卬被這番話打動，派出使節聯絡齊王、菑川王、膠東王、濟南王，這些都是齊王劉肥的子孫，血緣接近，所以很好溝通，各國都同意出兵。

諸侯反叛已經堆好「乾柴」，只等「點火」。而西漢朝廷削藩終於削到吳國，要沒收會稽、豫章兩個郡，於是吳王劉濞點火了：他將吳國境內凡朝廷派下來的官員全部誅殺，同時派出使節通知所有「盟友」。一時間，楚、趙、膠東、膠西、菑川、濟南，連同吳國，一共七國同時舉事。

劉濞下令：「我已六十二歲，親自領軍出征，幼子年方十四歲，也隨軍出征。吳國凡是年紀在我倆之間的男人，全部投入戰場。」總共動員了二十餘萬人。

吳國大軍渡過淮水，與楚軍會合，發表文告，數說晁錯罪狀，要求「殺晁錯以謝天下」。聯軍進入梁國，首仗就擊斬梁軍數萬人，銳不可當。梁王劉武堅守都城睢陽，成為阻擋叛軍的中流砥柱，但形勢岌岌可危。

漢景帝一時慌了手腳，聽從晁錯政敵的建議，公開處決晁錯，可是叛軍毫無退兵之意，情況緊急，只有一個人可以倚靠——周亞夫，他是周勃的兒子。

5、莫須有

漢文帝時，為了防備匈奴入侵京城，在長安城周邊設了三個軍營：劉禮駐軍霸上，徐厲駐軍棘門，周亞夫駐軍細柳。

有一次，文帝到三個軍營勞軍，在霸上和棘門都是直驅而入，將軍更恭敬迎送。到了細柳營，天子的先遣人員被全副武裝的軍士攔下來，不得進入。先遣人員說：「皇帝馬上就要到了。」軍門都尉說：「我們將軍有令，『軍中只聽將軍命令，不接受天子詔書』。」

不多久，皇帝大隊人馬到了，仍然不許進入。於是文帝派出使節，拿著天子符節去對將軍宣詔「朕要入營勞軍」。周亞夫這才下令開營門。

守門軍士對駕車人員說：「將軍有令，軍營中不准放縱驅馳。」於是，皇帝一行只能緩慢前進。

到了將軍大營，周亞夫全副武裝，手按佩劍，向天子作揖，說：「穿著甲冑的戰士不下拜，請准許以軍禮相見。」

漢文帝為之動容，起立在車上答禮，派人宣布：「皇帝誠心慰勞將軍。」完成儀式後歸去。

出了細柳軍門，隨行群臣才鬆了一口氣。漢文帝說：「唉，這才是真將軍啊！之前在霸上、棘門，簡直是兒戲，那兩個將軍隨時都會被敵人偷襲而俘虜啊。至於周亞夫，誰能侵犯他呢？」

漢文帝臨終前告誡太子（漢景帝劉啟）說：「若有風吹草動，只有周亞夫可以擔當重任。」現在，漢景帝遵照老爹的指示，擢升周亞夫為太尉，統帥三十六位將軍，討伐吳楚聯軍。

周亞夫提出他的戰略：「楚軍剽悍且機動性高，其攻勢必定猛烈，我軍與之正面相抗不是上策。如果我們讓梁國擋住正面，中央軍將重點置於斷絕吳楚聯軍的糧道，才能克敵制勝。」劉啟批准。

周亞夫依既定戰略進行，主力繞到吳軍側背，攻擊補給線。而吳楚聯軍仍猛攻梁國都城睢陽，梁王劉武不斷派出使節向周亞夫求救，周亞夫堅持戰略，不回應求救。劉武向景帝控訴周亞夫，景帝下詔周亞夫赴援，周亞夫拒不奉詔。

睢陽城靠著韓安國與張尚兩位將領，緊守不失。吳楚聯軍轉向攻擊周亞夫，周亞夫堅守營壘不出戰。時間一久，漢軍攻擊補給線的效果顯現，吳楚軍感受到糧食不濟的壓力，更急於一決勝負。可是吳楚軍愈急，周亞夫愈是堅守不出。

吳王劉濞決定用奇，派兵猛烈攻擊周亞夫陣地東南角，周亞夫下令西北角陣地加強戒備，果然吳楚軍迂迴攻擊西北陣地，但卻無法突破——這是吳楚聯軍最後一次攻勢。在攻勢受挫之後，士兵因為飢餓，開始臨陣脫逃，大軍只好向後撤退。

周亞夫看見等候已久的機會出現，立即下令開壁縱兵出擊，叛軍霎時崩潰。吳王劉濞自知無力再戰，帶著近身衛士數千人趁夜逃亡。楚王劉戊見大勢已去，自殺。

劉濞南逃，渡過長江，打算撤退到東越王國（今浙江）。可是漢帝國中央以重金賄賂東越王騶駱望。騶駱望誆劉濞到己方軍營勞軍，暗伏殺手以矛刺殺劉濞，七國之亂於是平定。

周亞夫因為平定七國之亂的功勞，當上了丞相。但因置梁國獨力面對強敵而不救，與梁王劉武之間有了裂痕。梁王死後，竇太后乃遷怒周亞夫，偏偏周亞夫自以為功勞蓋世，對皇家的事務居然也表示「異見」：先是景帝要廢太子，周亞夫力陳不可；之後，景帝要封王皇后的哥哥王信侯爵，周亞夫又搬出劉邦那句「非有功不封侯」予以否決。

不久之後，景帝在禁宮召見周亞夫，請吃飯，桌上擺了大塊的肉，沒切開，也沒筷子。

周亞夫向侍者要筷子，景帝看著他，笑著說：「你這樣還不夠嗎？」

周亞夫頓時醒悟，自己已經大禍臨頭，立即脫下官帽請罪。景帝起身，周亞夫乃小碎步退出。景帝看著他出去，口中喃喃自語：「這傢伙態度不佳，將來恐怕不利於少主。」

過不久，周亞夫的兒子為父親採辦陪葬器物，向工官（後勤署）買了五百套可以報廢的盔甲盾牌。可是找來人搬運，卻不給工資（特權令人髮指），工人們氣極了，向有關機關檢舉。

茲事體大，有司呈報皇帝，景帝交給司法調查。司法官去條侯府邸問案，周亞夫拒絕回答。有司再呈報皇帝，景帝下令周亞夫向廷尉報到。

廷尉問：「閣下（買兵器）難道想造反嗎？」

周亞夫說：「我買的是陪葬用品，怎麼說是造反呢？」

廷尉說：「閣下縱然不反於地上，也是想反於地下！」

廷尉逼問愈急，周亞夫絕食抗議，五天不吃，嘔血而死。

【原典精華】

廷尉責曰：「君侯欲反邪？」

亞夫曰：「臣所買器，乃葬器也，何謂反邪？」

吏曰：「君侯縱不反地上，即欲反地下耳。」吏侵之益急，……因不食五日，嘔血而死。

——《史記．絳侯周勃世家》

周亞夫的罪名其實就是「莫須有」，比岳飛早了一千二百多年。

劉邦、劉啟誅殺功臣，都是為了消除帝國繼承人的可能威脅。而劉啟的皇位繼承人，又另有一番曲折。

6、金屋藏嬌

漢景帝劉啟仍是太子時，祖母薄太后為他娶了一位薄家的女兒。劉啟即位後，薄女士當然就成為薄皇后，可是劉啟並不喜歡她，可能也因此她沒有生兒子。皇后沒生兒子，意味著沒有「當然」的太子。

七國之亂是國家一大危機，亂事平定後，群臣建議立太子，這有安定人心的作用，等於宣告：其他諸侯不必肖想了，皇位已有指定繼承人。

劉啟有兩個兒子：長子劉榮、次子劉徹。由於都不是嫡子，所以立劉榮為太子，封劉徹為膠東王。

劉榮當上了太子，所謂「母以子為貴」，他的母親栗姬因而態度高傲，以為總有一天成為皇太后。而漢景帝在祖母過世之後，索性廢掉了薄皇后，這下子栗姬更神氣了，以為皇后非她莫屬，開始嫉妒、排擠其他後宮美女。

而劉啟的姊姊，長公主劉嫖為了加強自己的影響力，一再為弟弟物色美女，於是栗姬視劉嫖為眼中釘。

劉嫖有個女兒陳嬌，她向栗姬提議將陳嬌嫁給劉榮，遭妒火中燒的栗姬一口回絕。劉嫖動了氣，決心除掉栗姬，轉而向另一位皇子劉徹的母親王娡提親。王娡一口答應，並與劉嫖結成聯合陣線。

劉嫖日夜在老弟面前詆毀栗姬，說她妒性太強，萬一給她當上太后，將來恐怕會再發生「人彘」事件。

漢景帝聽到「人彘」，心有不安。有一次身體微恙，他就藉機對栗姬進行了一項試探，說：「如果我死了，請妳要好好照顧其他皇子。」

誰曉得，栗姬聞言卻醋勁大發，非但不答應，甚至口出「不遜之言」——景帝拂袖而去時，「似乎」聽到栗姬罵了一句「老狗」。

然而，景帝仍然寵愛栗姬，並未因此做出處置。

這時，王娡出手了。她買通了大行（皇族事務大臣），上疏建議：「子以母貴，母以子貴。太子的母親沒有稱號，建議立為皇后。」

如果是皇帝要為太子的母親擬封號，那是大行的任務。可是皇帝還沒決定的情況下，立誰為后卻不是人臣可以建議的。因此，漢景帝大怒，下令誅殺大行，並且認定是栗姬買通大行，下詔廢掉太子，劉榮改封臨江王。從此栗姬不得見到皇帝，恚恨而死。

太子劉榮廢掉了，要立誰為儲君？

有條件爭取儲君的有兩位：景帝的另一個兒子（王夫人所生）膠東王劉徹，以及竇太后鍾愛的幼子梁王劉武。

王夫人受寵程度是遠遠不及栗姬的，可是劉徹有個姑媽兼準岳母，也就是長公主劉嫖。先前劉嫖與王夫人已經聯手除去了太子劉榮與栗姬，下一目標當然瞄準太子位，但在發動之前，劉嫖還要做進一步「確認」。

有一天，劉嫖帶著阿嬌到了王夫人所居殿所，將侄兒劉徹抱到膝上坐著，然後一本正經的問他：「阿嬌給你當媳婦好不好？」

小劉徹說：「好啊！」

「那你將來要怎樣疼她？」

「我打造一座金屋給她住。」

這就是「金屋藏嬌」成語典故。所謂「金屋」，並非真的用金子打造一間房屋，而是形容宮殿金碧輝煌，極其華麗堂皇。

長公主劉嫖聽到小劉徹這句話，大為高興，於是大力促成立劉徹為太子。

【原典精華】

漢陳嬰曾孫女名阿嬌，其母為武帝姑館陶長公主。武帝年幼時，長公主抱置膝上，問曰：「兒欲得婦否？」並指阿嬌曰：「好否？」帝笑對曰：「若得阿嬌，當以金屋貯之。」主大悦，後因要求成婚。帝既即位，立為皇后。

——《漢武故事》

劉徹立為太子，最失望的當然是另一位王儲競爭者梁王劉武。

劉武是竇太后的小兒子，漢景帝劉啟的親弟弟，在七國之亂時，卯力頂住吳楚聯軍攻勢，才為老哥皇帝爭取到時間，部署反攻。

竇太后寵愛這個小兒子，好幾次提議：立梁王為太子。甚至漢景帝都鬆口了，卻被大臣袁盎等搬出一堆理由反對，因而作罷。

基本上，梁王本人並沒有很大野心，可是手下有幾位野心家：羊勝、公孫詭、鄒陽等，努力鼓吹梁王劉武儲備兵器弩弓，並充實府庫，出入儀仗更比照天子，非常高調。

劉徹立為太子，梁王為此怨恨袁盎，羊勝、公孫詭就買了刺客暗殺袁盎與另外十餘位當時反對他的大臣。

刺客到了關中，向長安市民打聽袁盎，到處都聽到好評，人人讚不絕口。於是刺客去見袁盎說：「我收了梁王的金子，前來刺殺閣下。可是聽說閣下是一位好官，不忍心下手，後面還有十幾位刺客要來，閣下請加強戒備。」

袁盎聞言，心中發毛，偏偏家中又出現一些怪現象，於是去向一位占卜者棓生請問吉凶，卻在回家途中被刺客殺死。

當天不止袁盎被刺，另外還有十位大臣遭刺殺。

這還得了！漢景帝下令全力搜捕刺客。抓到後，發現是梁國指使，於是派出一批又一批的使者，要梁國拘捕主謀者公孫詭與羊勝，到長安審訊。兩人躲到梁王後宮，使者只好施壓梁國相軒丘（複姓）豹，軒丘豹與梁國內史韓安國建議梁王，令兩人自殺，將屍首交給使者。

梁王派親信去長安，走長公主門路，向太后求情，以求赦免。然後親自入關請罪，車隊到了函谷關，梁王改乘喪車，掩人耳目，低調進入長安，躲在長公主家中花園裡。再由太后宣召，免於一死。景帝此後就不再和弟弟同車（輦）出入。

劉徹在景帝逝世之後繼位，是為漢武帝。

7、長門怨

漢武帝即位，陳阿嬌成了陳皇后。長公主劉嫖自認為功勞很大，陳皇后因而既驕且妒，不許其他宮人親近皇帝。可是，阿嬌偏偏一直生不出兒子，花在求子的金錢達到九千萬，仍毫無消息。

漢武帝前往霸上舉行禳祭（消災祈福大典），回程時順道拜訪姊姊平陽公主，看上一名歌伎衛子夫，就在平陽侯府上「臨幸」了衛子夫。當然，平陽公主牢牢的把握住這個「掌握皇帝枕邊人」的大好機會，將衛子夫送入宮中。

衛子夫入宮後得寵，陳皇后醋勁大發，一哭二鬧三上吊。有意思的是，居然每次都救活了。

陳皇后為了挽回皇帝的寵愛，將女巫楚服及弟子引入宮中，以咒語詛咒衛子夫。結果事情被踢爆，漢武帝乃下令御史張湯徹查。

張湯採用了殘酷的逼供手段，一傢伙株連了三百多人，楚服在鬧市斬首。陳皇后則被沒收皇后印信、罷黜，幽居長門宮。

這長門宮原本是劉嫖的長門園，當初送給女婿劉徹，劉徹即帝位後，改為長門宮。現在讓陳阿嬌住進長門宮，等於休妻「回娘家」。

劉嫖為此惶恐，向侄兒、女婿、皇帝叩頭請罪。武帝說：「皇后所為違反大義，不得不廢黜。請姑媽寬心，不要聽外人閒話。住在長門宮等於回家，一切供奉仍如正宮皇后。」

然而，即使物質供奉不減，冷宮畢竟是冷宮，陳阿嬌「冷」得受不了，聽說司馬相如的文采受到武帝讚賞，就以千金請司馬相如寫了一首〈長門賦〉。這首賦入獻皇帝，漢武帝為之感動，開始善待陳阿嬌，但並未恢復她皇后名分。

之前陳皇后鬧脾氣時，母親大長公主劉嫖為女兒出氣，派人綁架衛子夫的弟弟衛青，衛青的朋友公孫敖等一批好漢，發動偷襲，將衛青搶救回來。

衛子夫得寵，且有孕，衛青被綁架，這事驚動了漢武帝，就徵召衛青到建章宮當管家。衛子夫在生了一個兒子劉據之後立為夫人，衛青升為太中大夫。後來陳皇后被廢，衛子夫立為皇后，衛青也一再升官，升到大將軍，封長平侯。衛青的兒子和兩個弟弟都封侯，民間流行歌於是唱著：「生男孩沒什麼好高興的，生女孩也不必生氣，你不見衛子夫嗎？一家獨霸天下！」

後來，平陽侯死了，公主寡居，皇帝要為姊姊再找一個男人，在列侯中挑選。有人建議：「大將軍很適合。」

公主笑著說：「他從前在我家中，常常騎馬擔任我的隨從（騎奴），怎麼可以當我丈夫呢？」

左右說：「大將軍的姊姊如今是皇后（當年也是妳家歌伎），一家都是侯爵，富貴震動天下，公主豈可看低了他？」

於是公主點頭，向皇后提出，皇后再跟皇帝說，於是下詔由衛青「許配」平陽公主——小舅子成了姊夫，騎奴成了侯爵。

【原典精華】

衛子夫立為皇后，后弟衛青字仲卿，以大將軍封為長平侯，……其三弟皆封為侯，各千三戶，……貴震天下。天下歌之曰：「生男無喜，生女無怒，獨不見衛子夫霸天下！」

是時平陽主寡君，當用列侯尚①主。主與左右議長安中列侯為夫者，皆言大將軍可。主笑曰：「此出吾家，常使令騎從我出入耳，奈何用為夫乎？」左右侍御者曰：「今大將軍姊為皇后，三子為侯，富貴振動②天下，主何以易之③乎？」於是主乃許之。言之皇后，令白之武帝，乃詔衛將軍尚平陽公主焉。

——《史記·外戚世家》

劉邦留下來的祖訓：無功不得封侯。漢武帝為了讓小舅子立功，派他出征匈奴，自此開啟「外戚大將軍」的一頁。

①尚：娶公主，因為高攀而稱「尚」。尚，同「上」。
②振動：同「震動」。
③易：輕。易之：看輕。

8、外戚大將軍

衛青第一次出征匈奴，官銜是車騎將軍，只是四路軍隊之一。那一次，只建立了很小的戰功。第二次，建立了大功勞，封為長平侯。他前後出征七次，殺敵五萬人，官至大將軍，是「大漢天威」的主要人物之一。

大漢天威另一位要角，戰功比衛青更顯赫，出征六次，殺敵十一萬人，他就是霍去病。霍去病也算是皇親國戚，他是衛青的外甥，原本在武帝身邊擔任侍衛，因為他善於騎射，皇帝派他跟著舅舅出征，後來也因戰功而封為冠軍侯。

霍去病個性沉默寡言，可是打起仗來氣魄凌厲，驍勇當先。

漢武帝教他學習《孫子兵法》，他卻回答：「打仗全看對敵時的方略運用，哪用得上古代的兵法？」

武帝為他建了官邸，要他去看看，他回答：「匈奴未滅，無以家為也。」

【原典精華】

驃騎將軍為人少言不泄①，有氣敢任②。天子嘗欲教之孫吳兵法，對曰：「顧③方略何如耳，不至學古兵法。」

天子為治弟④，對曰：「匈奴未滅，無以家為也。」

——《史記‧衛將軍驃騎列傳》

這樣一位青年英雄人物，卻只活了二十九年，英年早逝。而霍去病死後，漢朝多年不發兵北征，直到張騫通西域之後。

漢朝使節自西域回來，個個都向皇帝說：「大宛有一種寶馬，出汗如血，稱為汗血馬，每天能跑五百里，都藏在貳師城，不給漢使看見。」漢武帝聞言動心，派出使節帶著千金及一匹金馬為禮物，送給大宛國王，以交換汗血馬。

①泄：音「易」，話多。
②氣：勇氣。任：擔當。有氣敢任：打仗勇敢，身先士卒。
③顧：看。
④弟：第，住宅。

但是大宛國王不給面子，大漢帝國的使節團被全體屠殺，一個不留。漢武帝視此為奇恥大辱，決定採取報復行動。

此時，漢武帝正寵幸李夫人，有意循衛青模式，封李夫人的哥哥李廣利為侯。於是任命他為貳師將軍，率領數萬軍隊，討伐大宛，並取回汗血寶馬。

李廣利大軍繞過羅布泊，沿途小國都閉城堅守，得不到水草的漢軍，抵達大宛邊境郁成時，只剩不過數千人，而且既餓又疲。

漢軍攻郁成，遭到迎頭痛擊。李廣利與幕僚商量：「我們連郁成都無法對敵，何況攻他們的國都？」於是引兵回國。

大軍一來一回花了兩年，回到敦煌時，僅存十分之一、二軍隊。派使者上書皇帝：「道路遙遠且糧食不繼，軍隊不怕打仗，可是無法戰勝飢餓。我們的軍隊太少，不足以攻下大宛。請求暫時休兵，整補增援後再出發。」

武帝接書，大怒，派使者到玉門關攔阻大軍，宣布「軍隊敢入關者斬」。因此，李廣利全軍團滯留在敦煌，回不了國。

【原典精華】

（貳師將軍）使使上書言：「道遠多乏食，且士卒不患戰，患飢。人少，不足以拔宛。願且罷兵，益發①而復往。」

天子聞之，大怒，而使使遮②玉門，曰軍有敢入者輒斬之！貳師恐，因留敦煌。

——《史記．大宛列傳》

為了讓李廣利立功，漢武帝再派出大軍六萬人，帶十萬匹牛、三萬多匹馬，驢子、騾子、駱駝數以萬計，糧食加倍攜帶，為此「天下騷動」。另外派出十八萬大軍戍守酒泉、張掖北方，以阻絕匈奴援兵。這一次，大宛擋不住了。貴族發動兵變，殺國王毋寡、獻出寶馬，與李廣利簽訂和約。耗費全國資源發動戰爭，李廣利帶回中國的戰利品只有：良馬十匹，中等以下三千多匹。

李廣利征服大宛，漢朝威震西域，各國紛紛來朝，漢武帝認為可以全力對付匈奴了。於是派貳師將軍李廣利率三萬騎兵出酒泉，在天山擊敗匈奴右賢王。可是匈奴大軍掩至，

①益：增加。益發：增兵。
②遮：關閉。

李廣利被包圍，差點不得脫身，軍隊損失六、七成。兩年後，李廣利再率騎兵六萬、步兵十萬出塞，另外還有三路兵團共七萬餘人分進合擊。匈奴且鞮侯單于率領主力十萬騎兵，與李廣利大戰十餘日，匈奴敗戰，向北撤退。

卻在這個時候，長安城內爆發「巫蠱之禍」，牽連到李廣利的妻子。消息傳到前線，李廣利想要建立更大功勞以抵罪，於是追擊已退去的匈奴，大勝，戰果豐碩。

這種搏命作風，令李廣利手下將領擔心，會被他帶著一齊去送死。長史與都尉陰謀綁架李廣利，卻被李廣利得悉，殺長史，全軍向後撤退。可是，漢軍已經太深入沙漠。匈奴單于率五萬騎兵攔截一心思歸的漢軍，趁夜在漢軍正面挖了一條尺深的巨溝，拂曉自漢軍後方發動攻擊，漢軍大亂，墜入巨溝而死者不計其數，李廣利投降。

漢武帝建立了空前霸業，人民陶醉在「大漢天威」之中，消耗著文景之治的「老本」，物質與精神上都很滿足，殊不知帝國已經掏空。而漢武帝的霸業到此為止，之後，他傷腦筋的是接班人問題。

9、愛其子而殺其母

前章說及，李廣利因為涉入「巫蠱之禍」，以致進退失據，最後兵敗投降匈奴。那巫蠱之禍是一場後宮鬥爭。

隨著功業愈大、年齡愈老，漢武帝劉徹愈來愈專心兩件事：擔心自己開創的偉大功業被人家「竊取」，因此加緊控制，重用很多酷吏與特務；掛心自己的生命有一天將逝去，不惜代價追求長生不老，卻一再被術士欺騙，因而變得疑神疑鬼。

皇后衛子夫生太子劉據。劉據秉性仁厚，與父親的嚴厲作風截然相反；劉據也常勸諫父親不要大動干戈征討四方，不要嚴刑峻法統治。武帝笑著對他說：「由我來承當艱困，由你來享受安樂，難道不好嗎？」事實上，劉徹對兒子的仁厚並無不滿，可是朝中的「酷吏幫」卻不喜歡他。

另一方面，劉徹寵愛一位年輕的姬妾鉤弋夫人，生皇子劉弗陵，劉徹對這個幼子極為疼愛。甚至因為這個兒子是鉤弋夫人懷胎十四個月才生下來，而傳說堯也是在胎中十四個月才生，因此將鉤弋宮門命名為「堯母門」。這個動作使得衛子夫母子的危機感加重，等到大將軍衛青逝世，皇后與太子又失去一個靠山。「酷吏幫」因為深恐將來太子即位後會被冷凍，乃開始設計對付太子。

武帝年紀大了，晚上睡不好，白天常小睡，曾經夢見被數千個木偶攻擊，經常精神恍惚，很多事過目即忘。

一位綉衣使者（負責監察皇族的特務）江充，曾經法辦過太子宮官員，更拒絕了太子關說，自認為與太子已結下怨恨，於是決定利用武帝的夢境，進行一項針對太子的陰謀。江充向武帝說：「陛下的病，恐怕是巫蠱作祟。」武帝命他專案進行調查。

江充拿著雞毛當令箭，掀起一股腥風血雨。他率領一批胡巫（異族巫師），宣稱有能力看見鬼，到處挖掘土地、翻找木偶，逮捕涉嫌放蠱與利用夜間祭祀的人。對被捕者施以酷刑，用燒紅的鐵鉗灼燒皮肉，以此取得口供。在哀號聲中，人民相互誣告「同黨」，從京師（長安城）、三輔（大長安地區）到各郡國，株連數萬人，形同一次全國性大恐慌。

這就是有名的巫蠱之禍。江充的目的並不是要搞白色恐怖，而是利用恐怖手段造成時勢，造勢成功後，皇帝相信巫蠱是一個全國性禍害了，他才將矛頭轉向皇后與太子。

但是，漢武帝可不是很好矇騙的老闆，若皇帝人在長安宮中，很容易查明真相。因此江充趁著武帝出遊甘泉宮（皇帝別宮，位在長安城北）時，到皇宮中翻掘土地，然後宣稱：「在太子宮掘得木偶特別多，還有一些寫在綢緞上的文字（帛書），內容大逆不道。」並且立即派人飛報皇帝。

在心慌意亂之下，太子劉據採納了太子少傅石德的建議，逮捕並親手殺了江充，將那些胡巫都拖到上林苑中燒死。

接下去就是一場糊塗戰鬥：漢武帝親自率軍「平亂」，而「造反」的太子劉據則兵敗逃亡，一直逃到湖縣（今河南省境內），被地方官派兵圍捕，自縊在房中。

在這一場大亂之中，有人密告：「丞相夫人與貳師將軍李廣利一同搞巫蠱，打算擁立李夫人生的兒子劉髆。」經查確有其事，於是逮捕李廣利全家，李廣利後來兵敗投降匈奴後，全家被殺。

太子自殺了，武帝必須立一個新太子。鉤弋夫人生的皇子劉弗陵是當然人選，可是轉念想到此子年幼，母親又年輕，因而遲疑不決。——漢初已有呂后的「人彘」慘劇，武帝自己又從小受祖母竇太后的壓制，若未來鉤弋夫人娘家兄弟弄權，自己經營數十年的偉大帝國，可能因而陷入內亂。

過了幾天，武帝找了一個理由，對鉤弋夫人大發脾氣。鉤弋夫人嚇得脫下頭飾、耳環（披頭散髮）跪下叩頭。

武帝吩咐侍衛：「拉出去，關進宮廷監獄。」

鉤弋夫人這才發覺事態嚴重，在拉到門口時，回頭以哀怨眼神乞求。

武帝說：「快走吧！妳不可能活了。」

鉤弋夫人最終在獄中被賜死。

【原典精華】

後數日，帝譴責鉤弋夫人，夫人脫簪珥①，叩頭。

帝曰：「引持去，送掖庭獄②。」

夫人還顧，帝曰：「趣行③，汝不得活。」

卒賜死。

——《資治通鑑・漢紀十四》

過了一陣子，他問左右：「外界對這件事有什麼批評嗎？」

左右回答：「人們看不懂，既然決定立她的兒子為太子，又為什麼殺了太子的親娘？」

武帝說：「這中間的道理，不是你們這些蠢蛋小子能夠理解的。自古國家的亂源，多是由於君王年幼而母親青春正盛。女人當國而寡居禁宮，既容易因權力集中而驕傲放縱，而且會淫亂而不能自制，沒有人可以禁止她。你們忘了呂后的事情嗎？此所以我不得不先下手將她除去啊！」

漢武帝說得很對，但卻不是全部。帝國的威脅除了「子少母壯」之外，還有「強枝弱幹」（記得七國之亂嗎？），所以他必須再做一層安排。

①簪：音「ㄗㄢ」，玉器頭飾。珥：音「耳」，玉器耳飾。
②掖庭獄：宮廷監獄。
③趣：讀音「促」，催促。趣行：快走！

10、託孤大臣

劉弗陵年才數歲，可是身材較同年齡幼童來得壯且大，而且非常聰明。漢武帝在處決鉤弋夫人之前，已經做了一個安排：為劉弗陵設置輔政大臣，輔佐他對抗強大諸侯挑戰皇位。

武帝相中的人選是奉車都尉、太中大夫霍光。霍光是霍去病的異母弟，也跟霍去病叫衛青一聲舅舅，算是皇室的親戚。

武帝相中了霍光為身後託孤大臣，吩咐黃門（禁宮侍從）畫一張「周公負成王朝諸侯」圖賜給霍光。意思很明顯，希望霍光能效法周公輔佐周成王——抱著幼小天子接受諸侯朝見。

處決鉤弋夫人之後，漢武帝心事已了，病情轉趨嚴重，病榻之旁有兩個人：霍光與金日磾。霍光流著眼淚，再做最後確認：「陛下萬一有個三長兩短，該傳位給誰？」

劉徹說：「你難道還不懂我賜你那幅畫的用意嗎？立我最小的兒子為帝，由你扮演周公角色。」

霍光叩頭謙讓說：「我不如金日磾。」

金日磾則說：「我是個外國人，不如霍光。若由我輔政，將使匈奴輕視漢朝。」

劉徹下詔立劉弗陵為太子（八歲），任命霍光為大司馬大將軍，金日磾為車騎將軍，太僕上官桀為左將軍，三人接受遺詔，共同輔佐幼主。又任命搜粟都尉桑弘羊為御史大夫（相當副丞相），都在病榻前受命就職。

這是歷史上有所謂「顧命輔政大臣」的起始，也是西漢第一次有大司馬大將軍這個職稱。後來的一千多年歷史當中，只要出現「顧命大臣」，就意味著小皇帝必須面對權臣。

霍光出入皇宮二十餘年，為人嚴謹、守分寸。宮廷侍衛曾經私下觀察他每天出入、上下殿門時，腳踏的位置，不差尺寸——好可怕的一個人。

金日磾是匈奴休屠王的兒子，在漢武帝左右二十年，目不斜視（不曾偷瞄宮女）。皇帝賞賜給他的宮女，他碰都不碰；皇帝要收他的女兒為姬妾，他也不同意。他的兒子是劉徹的玩伴，曾經跟宮女打情罵俏，被金日磾看到，竟殺了他的兒子——又一個可怕的人。

上官桀有勇力，擔任羽林郎（禁衛軍）時，皇帝前往甘泉宮，大風忽起，車隊不能前進。上官桀臂力強壯，雖在大風之中，仍高舉黃綾傘蓋，不離御車，忠心耿耿。

【原典精華】

（霍）光出入禁闥①二十餘年，出則奉車，入侍左右，小心謹慎，未嘗有過。為人沉靜詳審，每出入，下殿門，止進有常處，郎、僕射竊識視之，不失尺寸。（金）日磾在上左右，目不忤②視者數十年，賜出宮女，不敢近；上欲內③其女後宮，不肯；其篤慎如此，上尤奇異之。

——《資治通鑑・漢紀十四》

這三人都不是朝廷大臣，卻是漢武帝的親信當中，最可靠的三位。然而，一旦成為幼主的輔政大臣，他們的地位一下子就到了丞相與九卿之上，於是文官制度就亂調了。

問題在於，劉徹不信任由丞相輔佐小兒子，也不信任鉤弋夫人聽政。所以他任命親信中最忠心可靠的三人，賦予軍權（大司馬大將軍、車騎將軍、左將軍）以鎮壓文官體系，另外任命他的「興利之臣」當中，最有能力的桑弘羊為御史大夫，組成「託孤三加一」

組，掌握了兵權與財政，足以壓制文官體系。

做完接班布局，一代雄主漢武帝劉徹就「崩殂」了，八歲的劉弗陵即位，是為漢昭帝，三位輔政大臣「領尚書事」——「尚書」就是皇帝的文書，也就是說，大政方針都由他們決定，丞相、御史大夫、太尉等三公都無實權。

①闥：音「踏」，門。禁闥：禁宮之門。
②忤：逆。忤視：斜眼看人。
③內：同「納」。

11、霍光大權獨攬

漢昭帝劉弗陵年紀實在太小，漢武帝六十多歲才生下這個小兒子，在那個年代也確實太老，因此民間傳聞不斷。

有一名男子，乘著黃毛小牛犢拉的車，到了未央宮北門（正門向南，官員奏事、求見都在北門），自稱是「衛太子」——皇后衛子夫生的兒子劉據，當年他因巫蠱之禍在逃亡途中自殺，有關他仍然在世的傳言不絕。

官員趕緊上報，皇帝（其實是三攝政）下詔集合三公、將軍、部長級以上官員共同辨識。京城長安人民聞風而至，看熱鬧的有數萬人。右將軍親自指揮軍隊鎮守現場，以防突發事件——如此群眾規模與官方戒備規格，更顯示幼年皇帝的正當性的確受到質疑。

奉命前來辨識的高級官員，包括丞相、御史大夫及九卿（部長級大員）、將軍等，一個都不敢發言——因為不曉得背後是不是有一個大陰謀，這種時刻若發言不慎，以後恐因

「政治不正確」而獲罪。

京兆尹（京師最高行政首長）雋不疑最後趕到，一到就下令逮捕那個男子。有人勸他：「還不能確定是不是真太子，先不要造次吧！」

雋不疑說：「各位為什麼要顧慮他是不是衛太子呢！……衛太子得罪先帝（武帝），逃亡在外，即使沒死，現在來也只當是犯人自首而已！」於是將之押送「詔獄」（收押特殊身分人士的監獄）。

【原典精華】

有男子乘黃犢①車詣北闕②，自謂衛太子；公車③以聞。詔使公、卿、將軍、中二千石雜識視。長安中吏民聚觀者數萬人。右將軍勒兵闕下以備非常。丞相、御史、中二千石至者並莫敢發言。

①犢：小牛。
②闕：宮門。
③公車：皇宮收發處。
④自詣：主動投案。

京兆尹不疑後到，叱從吏收縛。或曰：「是非未可知，且安之！」不疑曰：「諸君何患於衛太子！……衛太子得罪先帝，亡不即死，今來自詣④，此罪人也！」遂送詔獄。

——《資治通鑑．漢紀十五》

民間傳聞不斷，有野心的強藩當然會加以利用。劉姓諸王當中，最年長的燕王劉旦就蠢蠢欲動。

太子劉據涉入巫蠱之禍，兵變失敗身死時，燕王劉旦自以為他最年長，順位在前，於是上書請求到長安「宿衛」，這擺明了是想「守株待兔」。武帝當時正在為太子造反而心痛、疑懼，看到又一個兒子露骨表態，志在大位，勃然大怒，下令將送信來的燕國使者，就在宮闕之下斬首。

武帝崩逝，昭帝繼位。燕王劉旦當然不服氣，於是聯絡齊王劉澤，想要搞叛變。他給了劉澤一個說法：「我什麼時候出現了如此年紀的弟弟？怎麼可能？我懷疑，現在繼位的這小子，是大將軍（霍光）的兒子。」

消息傳到長安，霍光派人前往安撫，劉旦乃暫時不動。但卻引起另一位攝政大臣上官桀跟他的兒子的注意，想要利用燕王奪權。

三位攝政大臣，金日磾才一年多就去世了，另外兩位以霍光為首，上官桀為次。他倆交情甚篤，之前就已結為兒女親家，霍光的女兒嫁給上官桀的兒子上官安，生了一個女兒，年方五歲。而上官安認為，自己的女兒（也是霍光的外孫女）嫁給十一歲的皇帝很適合，就積極遊說丈人霍光，可是霍光不答應，上官安於是轉向他人。

蓋長公主（皇帝的姑媽）守寡，與一個名叫丁外人的男人私通。上官安與丁外人有私交，於是遊說丁外人：「我的女兒，容貌端正，若蒙長公主的幫助當上皇后，我們父子在朝廷主政，又有皇后為內援，權力將無可動搖。這件事成或不成，全看你一句話。」

上官安言之成理：他的父親、岳父都是攝政大臣，他若成了皇帝丈人，真的可以權傾天下。

丁外人被上官安打動了，積極遊說蓋長公主，長公主遊說皇帝，下詔封上官安的五歲女兒為倢伃（後宮第一級），隔年，上官倢伃再封為上官皇后，上官安則封為桑樂侯。

這下子，上官安可得意了。每次在皇后宮宴飲回家，常常對賓客炫耀：「今天又跟我的女婿喝酒，真是快樂呀！」

當了皇帝的丈人，上官安起了野心，開始積極串連，結合長公主、丁外人，以及御史大夫桑弘羊，再用力拉攏燕王劉旦，結成一個反霍光集團。

劉旦滿心以為這是大好機會，自己可以當皇帝了，派出一批又一批的密使，帶著大量金銀財寶前往長安活動。並在上官桀的指點之下，上書控告霍光，說他「外出儀仗、規格如皇帝出巡，為所欲為，恐有『非常』行動」。

上官桀趁霍光休假時，將燕王奏章送呈漢昭帝劉弗陵。一俟小皇帝交下查辦，他跟桑弘羊就立即逮捕霍光，並迅速處決。孰料，昭帝收下奏章，卻擱下不處理。

第二天，霍光上朝，聽說有這件事，就留在「畫室」，不進入大殿。

昭帝問：「大將軍呢？」

左將軍上官桀回答：「因為燕王告他狀，所以不敢上殿。」

昭帝下詔：「召大將軍。」

霍光進殿，脫下官帽，叩頭請罪。

昭帝說：「將軍請戴上官帽。我知道這份奏章所言不實，你沒有罪！」

霍光說：「陛下怎麼知道的呢？」

昭帝說：「你去校閱廣明營軍隊，是這兩天的事情，你調動校尉還不到十天，燕王怎麼會知道？（相當今天西安到北京的距離，以當年條件，絕無可能）況且，將軍若真的企圖發動政變，根本不需要動員校尉。」

那一年，漢昭帝劉弗陵才十四歲，說出這一番道理，令在場大臣與官員都為之驚異。

【原典精華】

明旦，光聞之，止畫室①中不入。上問：「大將軍安在？」左將軍桀對曰：「以燕王告其罪，故不敢入。」有詔：「召大將軍。」光入，免冠、頓首謝。上曰：「將軍冠！朕知是書詐也，將軍無罪。」光曰：「陛下何以知之？」上曰：「將軍之廣明②都郎，近耳；調校尉③以來，未能十日，燕王何以得知之！且將軍為非④，不須校尉。」是時帝年十四，尚書、左右皆驚。

——《資治通鑑．漢紀十五》

①畫室：大臣等待召見的房間。經常就在這裡畫策，因此稱畫室。
②廣明：京師戍衛軍營，皇宮侍衛（郎）在此受軍訓。
③校尉：衛戍部隊的指揮官。
④為非：意指叛變。

反霍光集團「文鬥」失敗，決定改採「武鬥」。由蓋長公主設宴邀請霍光，預備在現場伏兵，格殺霍光，然後廢昭帝，迎立燕王劉旦。

但這是他們告訴劉旦的版本，事實上，上官安的計畫是：事成之後，殺劉旦立上官桀為帝。有人問他：「那皇后怎麼辦？」上官安說：「獵狗追逐麋鹿時，哪還顧得到兔子？如果只以皇后外戚為滿足，哪天皇帝移情別戀，我們連皇帝家人都當不成了。現在可是百世難遇的大好機會，絕不能錯失！」

【原典精華】

安又謀誘燕王至而誅之，因廢帝而立桀。或曰：「當如皇后何？」安曰：「逐麋之狗，當顧菟①邪！且用皇后為尊，一旦人主②意有所移，雖欲為家人亦不可得。此百世之一時也！」

——《資治通鑑・漢紀十五》

劉旦卻為此興奮不已，連絡各地英雄豪傑千餘人，武裝待命。承諾事成之後，封上官桀為王。燕國宰相「平」（姓不詳）勸諫：「上次與齊王劉澤合謀，事情未發動，消息已走漏，這次恐怕故事重演。而且，即使成功，他們（上官父子）又會背叛你。」

劉旦根本不想聽這種話，說：「前些時候，有一男子自稱衛太子，長安城人民歸心，顯示當今皇帝不得人心。我是先帝長子，天下共知，怎麼會有人反對？」下令群臣準備行裝，隨時出發。

然而，消息還是走漏了，蓋長公主家的一個收租員向諫大夫杜延年告密，杜延年迅速報告霍光。霍光反應迅速：由皇帝下詔，命丞相田千秋逮捕上官父子、桑弘羊、丁外人，全部族誅，蓋長公主自盡。

燕王劉旦問平：「大事已敗，要不要出兵？」平說：「上官桀已死，天下皆知，發兵無益。」劉旦與臣僚、姬妾飲酒訣別，自盡而死。

從此，霍光大權獨攬。漢武帝劉徹機關算盡，殺了鉤弋夫人，避免了太后、外戚干政，卻因此造就了第一個權力大過皇帝的權臣。

---

①菟：同「兔」。
②人主：皇帝。

12、權臣廢立皇帝

漢昭帝在位十三年去世，享年才二十一歲。他事實上沒真正執行過皇帝的職權，起先是三攝政決定，後來是霍光一人決定。

然而，昭帝死了卻成為霍光的最大危機——理論上，他的輔政大臣任務應該就此解除了。可是漢昭帝沒有子嗣，又沒有太后（鉤弋夫人被武帝賜死），而國不可一日無君，於是立新君的責任乃又落在霍光肩上。

新皇帝當然得在武帝的兒子當中選擇，霍光最後決定立昌邑王劉賀為帝，由上官皇后（十五歲，霍光的外孫女）降詔，派出七乘傳（傳，四匹馬拉的大車）迎接，這比當年迎立漢文帝的陣仗還多一乘。

上官皇后徵召昌邑王入繼大統的詔書抵達昌邑國的時間，剛剛天黑不久，王宮為此燃起火燭，拆封宣詔。

隔天中午，昌邑王劉賀就迫不及待地往長安出發了。傍晚抵達定陶（今山東、河南交界），已經奔馳一百三十五里，連續六小時不休息，侍從人員的馬匹相繼累死，一路都是馬的屍體。

如此猴急的劉賀，馬不停蹄奔到長安，接受玉璽，成為西漢第九任皇帝，尊十五歲的上官皇后為皇太后。然後下令，將原來昌邑國的官吏都調到長安，有些甚至立即擢升為高官，陪著皇帝每天飲酒作樂，或到御花園搏虎鬥豹，君臣一同乘上皮軒（前導車）、打起九旒（大旗）在宮內奔馳……。

霍光與長安的大臣這才見識到新皇帝的「狂縱」行徑，當時還在為先皇服喪期間，霍光在吃驚失望之餘，下定決心終止這個錯誤，決定罷黜這個昏君。

這個決定由霍光親信田延年告知丞相楊敞，楊敞聽到要罷黜皇帝，嚇得語無倫次、汗流浹背。

田延年去上洗手間，楊敞的太太由東廂進來，對楊敞說：「如此國家大事，大將軍已經決定了，派九卿（田延年為大司農，九卿相當今天部長級）來通知你，你若不即刻表明與大將軍同一陣線，還在猶豫不決，我們全家可要先被殺了。」說完，田延年剛好洗手回來，楊夫人對田延年說：「一切遵奉大將軍指令。」

【原典精華】

既定議，乃使田延年報丞相楊敞。敞驚懼，不知所言，汗出洽①背，徒唯唯而已。延年起，至更衣。敞夫人遽從東廂謂敞曰：「此國大事，今大將軍議已定，使九卿來報君侯，君侯不疾應，與大將軍同心，猶與②無決，先事誅矣！」延年從更衣還，敞夫人與延年參語許諾：「請奉大將軍教令！」

——《資治通鑑．漢紀二十四》

與丞相「溝通」完成，霍光召集大夫、博士以上官員，宣布這個決定。全體官員頓時成了一堆木雞，沒有一個人敢發言。

田延年見狀，手按劍柄，大聲說：「先帝（武帝）將孤兒（昭帝）託付給將軍，就是交付安定劉氏天下的重責大任。如今一小撮狐群狗黨鬧得太不像話，萬一搞垮了國家，將軍有何面目見先帝於地下？今日會議一定得有定論，哪個有所遲疑，立即格殺。」

霍光向百官道歉：「九卿責備我的話是對的，天下騷動，我該受罰。」

田延年與霍光，一個唱黑臉，一個唱白臉。那些文官只有被操弄的分，於是全體一致支持霍光。

霍光乃率領百官，朝見上官太后（霍光的外孫女），太后下令召見皇帝，當場宣布廢黜劉賀，送他回昌邑，但不再是國王，只保留他的食邑——劉賀只當了二十七天皇帝！

霍光必須趕緊再立一個新皇帝。有過劉賀的慘痛教訓，他不敢再從外藩當中挑選，這時候，出現了一個「皇曾孫」。

當初，武帝的太子劉據宮中有一個史良娣（良娣，地位僅次於太子妃），生了個兒子劉進，人稱「史皇孫」。劉進妻子生個兒子劉病已，稱「皇曾孫」。才生下幾個月，就因巫蠱案被收押在大鴻臚（主管皇帝事務）的邸獄，母親已問斬。

當時的廷尉監（典獄長）丙吉同情這位皇曾孫，專門派了兩名女犯負責餵奶，並將他安排在地勢較高的牢房（比較不潮濕），每隔一天都會親自去探視一次。

巫蠱案拖了好幾年，漢武帝當時生病，經常前往郊區離宮休養。有一位「望氣」法師說：「長安獄中有『天子氣』。」武帝才經歷太子謀反，於是下令將長安獄中所有囚犯一律誅殺。

①洽：同「浹」。
②猶與：猶豫。

禁宮侍從長郭穰於深夜到邸獄執行這項誅殺令。丙吉拒絕開門，說：「皇曾孫在獄中，任何無辜者都不該被處死，何況陛下的親曾孫？」

相持到天亮，丙吉毫不退讓，郭穰回宮告狀，說丙吉居然抗詔。這時武帝驀然有所悟，說：「此乃天意。」於是下詔大赦天下。而長安所有監獄的犯人都已處決，只有邸獄的犯人因丙吉的堅持，得以活命。

就在霍光、張安世等大臣為皇帝繼任人選大傷腦筋時，丙吉上書霍光，推薦劉病己。霍光認為這個人選極好：沒有娘家、沒有屬國群臣、沒有兄弟，易於控制，於是由上官太后降詔，立為天子。那一年，劉病己十八歲，是為漢宣帝。

連續迎立新帝、廢帝，又立新帝，為漢朝政治開了「權臣可以廢立皇帝」的例子。（先前只有呂太后廢前少帝，立後少帝）

13、鴆殺皇后

漢宣帝即位，封配偶許平君為倢伃，而霍光的妻子「顯」（娘家姓氏不詳，以下為方便稱她「霍顯」），一心想要將女兒霍成君嫁給劉病已當皇后。宣帝很有智慧，下詔「尋找我卑賤時遺失的一把劍」，暗示不忘舊情，立即有大臣上書，建請晉封許平君為皇后，宣帝欣然批准。（成語「故劍之思」語出此典）

可是霍顯仍然尋求每一絲機會。

機會終於來了，皇后許平君再次懷孕（平民時已生一個兒子劉奭。奭，音「是」），女醫淳于衍曾經入宮為皇后看病，而淳于衍又受過霍家很多照顧。這一次皇后又召淳于衍入宮，淳于衍的丈夫要她先去拜訪霍顯，伺機為他討一個安池總管（安池產鹽，大肥缺）。

淳于衍去拜訪霍顯，霍顯緊抓這個機會，摒開左右，直呼淳于衍小名，說：「少夫，妳老公的事包在我身上，可是我也有一事相求，可以嗎？」

淳于衍：「夫人儘管吩咐，我無不聽命。」

霍顯：「大將軍最寵愛小女兒霍成君，有心讓她超級大貴（當皇后），這件事全靠妳了。」

淳于衍（愕然）：「我有什麼力量？」

霍顯：「女人生產，與鬼門關只隔一紙，十死一生。如今皇后即將分娩，只要妳給藥時加點『料』，神不知鬼不覺，成君就當上皇后了。如果因妳而成功，榮華富貴無可估計，少夫，我們一同享用！」

淳于衍：「皇后的湯藥，必須由宮女先嘗，怎麼辦得到？」

霍顯：「少夫，我相信妳一定有辦法的。妳別怕，大將軍權傾天下，誰敢囉嗦？任何狀況都有大將軍護著，就看妳願不願意去做而已。」

是的，大將軍權傾天下，淳于衍哪有「不願意」的空間？大將軍夫人既然開了口，若是拒絕，眼前就是災禍。她猶如被送上了虎背，下不來了，只能答應：「願意盡力。」

淳于衍將附子（草本，根部有劇毒）搗碎，攜入長定宮（皇后宮），將之摻入太醫搓合的藥丸，讓皇后服下。

許平君服藥之後，說：「我的頭皮發麻、腦袋沉重，莫非是藥中有毒？」

淳于衍說：「怎麼可能？」

接下去，毒性更加發作，不久就死了。

【原典精華】

會許后當娠，病，女醫淳于衍者，霍氏所愛，嘗入宮侍皇后疾。衍夫賞為掖庭戶衛，謂衍：「可過辭霍夫人，行為我求安池監。」

衍如言報顯，顯因心生，辟①左右，字謂②衍曰：「少夫幸報我以事，我亦欲報少夫，可乎？」

衍曰：「夫人所言，何等不可者！」

顯曰：「將軍素愛小女成君，欲奇貴③之，願以累少夫！」

衍曰：「何謂邪？」

①辟：通「避」。辟左右：摒開左右。
②字謂：稱對方的字，以示親近。
③奇貴：超級「貴」。男子奇貴為皇帝，女子則為皇后。
④免：同「娩」。

顯曰：「婦人免④乳，大故，十死一生。今皇后當免身，可因投毒藥去也，成君即為皇后矣。如蒙力，事成，富貴與少夫共之。」

衍曰：「藥雜治，常先嘗，安可？」

顯曰：「在少夫為之耳。將軍領天下，誰敢言者！緩急相護，恐少夫無意耳。」

衍良久曰：「願盡力！」即擣附子，齋入⑤長定宮。

皇后免身後，衍取附子并合大醫大丸以飲皇后，有頃，曰：「我頭岑岑也，藥中得無有毒？」對曰：「無有。」遂加煩懣⑥，崩。

——《資治通鑑．漢紀十六》

這可是天大的事，漢宣帝下令將全體御醫逮捕入獄，追究他們的責任。雖然並未懷疑是下毒，但即使是照顧皇后不盡心的罪名，恐怕也脫不了死罪。

霍顯擔心淳于衍會講出來，只好把情形告訴霍光。霍光頓時陷入困境，難以處理。剛好廷尉奏報結案，霍光乃在奏章上加註「淳于衍無責任」，乃得釋放，也因此危機未爆發。

而霍成君也「趁虛而入」，被送進了皇宮。隔年，就被封為皇后。但是，這也是霍氏一族的頂峰，之後可以說是急速由高峰跌落谷底。

轉折點是霍光去世，漢宣帝追贈他宣成侯，為他起高塚，墓園管理設置三百戶（園邑，功能同食邑），這三百戶永遠免除賦稅。

自此，漢宣帝開始親政，並且封兒子劉奭為太子，任命丙吉為太子太傅。這件事令霍顯大為氣憤，為此拒絕吃飯，以致嘔血。她說：「那個種（劉奭）是老百姓時生的兒子，怎麼有資格當太子？將來若皇后（霍成君）生了兒子，難道反而只能當個封國的王？」

於是，老娘教皇后女兒毒殺太子。霍成君依老娘指示行事，好幾次召喚太子到皇后宮，餵他食物。可是太子的保母、奶媽很機警，凡皇后賜食，她們都先試吃。皇后袖中藏著毒藥，卻始終沒機會餵給太子。

太子的保母為何如此謹慎小心，猜想有受到過警告。易言之，漢宣帝劉病已對許皇后的死，心中是存在疑惑的，只不過無法證實而已。

宣帝親政以後，著手削奪霍氏家族的軍權：將霍光的三個女婿、一個姊夫、一個孫女婿由禁衛軍職務外調為郡太守或高級文職官，軍政大權轉移到張安世身上。

⑤齋入：偷偷帶進去。
⑥懣：心悶。

霍氏家族為此而恐慌，有人提出：「請太夫人（霍顯）教皇太后（上官太后）下詔，先殺了丞相與平恩侯（許皇后之父許廣漢），再換掉皇帝。」這個餿主意當然不可能實行，卻有一位寄居馬廄的人聽到馬夫閒話，提出檢舉。皇帝雖然不追究，但霍氏族人卻愈加恐慌，居然認真陰謀要廢帝。

可是，此時可不比霍光在世之時，密謀不但很快洩露，廷尉的逮捕行動也很快。接下來，霍家幾位要角，有的自殺，有的砍頭或腰斬，親族數十家全部誅殺，皇后霍成君也被罷黜——霍光血脈唯一沒事的，是上官太后。

14、五日京兆

漢宣帝小時候吃過很多苦頭，又在民間長大。因此，他的作風非常體貼老百姓。他常常說：「要老百姓能夠安於生活、安土重遷，而不生民怨，最要緊就是行政公平、司法公正。能與我一同完成這個目標的，就是『良二千石』了。」

【原典精華】

帝興于閭閻①，知民事之艱難。……常稱曰：「庶民所以安其田里而亡②嘆息愁恨之心者，政平訟理也。與我共此者，其唯良二千石乎！」

——《資治通鑑．漢紀十六》

二千石，是郡太守與封國相的俸祿。西漢行郡國雙軌制，二千石就是地方政府的最高行政首長，相當臺灣今天的縣市長。

宣帝物色「良二千石」更能摒開朝廷的派系（因為他沒有包袱）。例如之前昌邑王劉賀帶來長安的龔遂，幾乎是劉賀身邊唯一「忠言逆耳」的親信，肯定是個好官，卻因為被歸為「昌邑幫」，而不被霍光集團接納。

當時渤海郡鬧饑荒、盜賊盛行，有人推薦龔遂，宣帝召見龔遂，與他討論施政方向之後，任命他為渤海太守，後來龔遂也因考績上等而調升，回京擔任水衡都尉（九卿之一，部長級）。

宣帝時期大臣的負責態度，代表人物是張敞。

張敞擔任京兆尹時，發生「楊惲大逆案」。張敞跟楊惲頗有私交，楊惲處死之後，許多人就落井下石，那些奏章、封事都被擱下不處理。山雨欲來風滿樓，張敞的京兆尹眼看即將不保。

此時，張敞命一名官吏絮舜查一個案，絮舜不甩他，對同僚說：「他這個京兆尹最多再幹五天，還查什麼案？」然後就回家睡覺。

張敞聽到這話，命手下逮捕絮舜，日夜審問，判他死刑。將行刑之前，張敞派主簿

（相當主任秘書）送一張字條給絮舜：「五日京兆的威力如何？冬季已盡，想要活命嗎？」推想絮舜並未求饒，所以最終被處決。

【原典精華】

敞使掾③絮舜有所案驗④，舜私歸其家曰：「五日京兆耳，安能復案事！」敞聞舜語，即部吏收舜繫獄，晝夜驗治，竟致其死事。舜當⑤出死，敞使主簿持教⑥告舜曰：「五日京兆竟如何？冬月已盡，延命乎？」乃棄舜市⑦。

——《資治通鑑．漢紀十九》

①閭閻：里門。指庶民居住區。
②亡：通「無」。
③掾：音「院」，屬官。
④驗：查察。
⑤當：將要。
⑥教：字條。用法如「教條」。
⑦棄市：在市場公開斬首。

立春（冬天之末）那天，廷尉的「行冤獄使者」出巡，接受人民陳情。絮舜的家屬抬著屍體，向使者出示張敞的字條陳情，使者乃彈劾張敞「濫殺無罪」。宣帝不願殺張敞，只將他免為庶人。張敞繳出京兆尹官印，隨即離開長安（任內六親不認，怕被仇家追殺）。

幾個月以後，京城（長安）吏治鬆弛，不時聽到追捕盜匪的警鼓。京師之外，冀州的治安最壞，巨盜橫行。宣帝於是想到張敞的能力，就派使者去宣召張敞。

張敞的妻子、家人聽說皇帝使節來，哭成一片。張敞卻笑著對他們說：「我現在是個亡命的庶人，要抓我治罪，由郡政府派個小吏來就夠了。如今來的是使者，那是天子要再起用我啊！」

果然，宣帝任命他出任冀州刺史——刺史俸祿只有六百石，比京兆尹二千石差一截，但有權彈劾太守。

總之，漢宣帝時代出過最多好官吏，宣帝為褒揚輔佐他的功臣，就派人將十一位功臣畫像在未央宮麒麟閣的牆上。這十一人是：霍光、張安世、韓增、趙充國、魏相、丙吉、杜延年、劉德、梁丘賀、蕭望之、蘇武。

15、蘇武牧羊

前章麒麟閣功臣名單中，不是宰相，就是名將，唯獨一人官位不高：蘇武。

蘇武是漢武帝時代與匈奴交戰期間，短暫的一次和解時，漢朝派去的使節。

使節團到了匈奴，一天夜裡，來了一位客人名叫虞常，曾經投降漢朝，又投降匈奴。虞常與副使張勝過去頗有私交，他對張勝說：「聽說漢帝非常怨恨衛律（漢降將，匈奴封為丁靈王），我可以派伏兵射殺他。我的母親與弟弟仍在漢朝，希望漢帝能給予他們賞賜。」

張勝給了虞常承諾（賞賜其母、弟），但是陰謀外洩，且鞮侯單于撲滅了叛軍，下令由衛律主持審訊。

張勝得知情況，乃向蘇武報告，他曾參與密謀。蘇武說：「事已至此，必定追及於我。如果受到匈奴凌辱再死，那可是雙重辜負國家。」準備自殺，但為張勝、常惠等制止。

案情果然牽出了張勝，單于派衛律召蘇武談話，蘇武對常惠等人說：「讓皇帝的符節受辱，縱使得生，有何面目回到漢朝？」抽出佩刀自刺。

衛律見狀大驚，親自抱起蘇武，派人飛馳去召來醫生。匈奴的醫生在帳中地上挖了一個土坑，置入熅火（無火焰的火堆），將蘇武放到火坑上，踐踏他的背，讓他的瘀血流出。蘇武原本已經氣絕半日，經過這番草原民族特殊的急救，才又甦醒過來。常惠等既感動又害怕更羞慚，用轎子將蘇武抬回營地，一路激動哭泣。

【原典精華】

單于使衛律召武受辭①。武謂惠等：「屈節辱命，雖生，何面目以歸漢？」引佩刀自刺。

衛律驚，自抱持武，馳召醫，鑿地為坎，置熅火，覆武其上，蹈其背以出血。武氣絕，半日復息。惠等哭，輿歸營。

——《資治通鑑．漢紀十三》

且鞮侯單于欽佩蘇武的壯烈，早晚派人問候，更希望蘇武能向他投降，可是蘇武寧死

不屈。（張勝與常惠等都投降了）

且鞮侯單于決定對蘇武施以壓力，將他囚禁在一個空糧倉，斷絕他的飲食。當時天降大雪，蘇武臥在窖中，將皮衣上的毛和著雪當食物吞食，幾天下來居然沒餓死。單于再將他放逐到絕無人煙的北海，也就是今天西伯利亞的貝加爾湖畔，要他放牧一群小公羊，說：「公羊哪天有了乳汁，才放你回去。」——母羊生小羊後會出乳汁，但公羊……。

【原典精華】

單于愈益欲降之，乃幽武置大窖中，絕不飲食；天雨雪，武臥，齧②雪與旃③毛并咽之，數日不死。

匈奴以為神，乃徙武北海④上無人處，使牧羝，曰：「羝乳⑤乃得歸。」

①受辭：接受問話。
②齧：音「鎳」，以牙齒咬物。
③旃：音「沾」，原指曲柄的旗子，蘇武所持「節」為曲柄。
④北海：大漠中的大湖，或謂即今貝加爾湖。
⑤羝：音「低」，公羊。羝乳：意指「公羊生小羊」。

蘇武在北海牧羊，糧食不繼，就挖掘野鼠洞中貯藏的草實為食。每天一起床就緊握漢武帝給他的那根節杖不離手，節上的毛已脫落殆盡。

且鞮侯單于聽說漢朝降將李陵與蘇武私交甚篤，就派李陵去北海勸降蘇武。

李陵到了北海，對蘇武說：「你的兩位兄弟都因牽連到司法案件而自殺；我出征之前，太夫人（蘇武的母親）已經仙逝；你的妻子還年輕，聽說已經改嫁；僅有兩個妹妹和一個兒子，十多年過去了，存亡也不可知。你縱使回到漢朝，也沒有什麼親人了，人生如朝露般快速消逝，何必如此虐待自己呢？單于一片誠心待你，咱兄弟倆同享富貴，不好嗎？」可是，蘇武不為所動，甚至以死相脅，李陵無功而返。

時光飛逝，漢武帝死了，且鞮侯單于也死了，漢朝與匈奴各有內憂，暫時休兵，出現短暫的和平。漢朝的和親使者向匈奴討還蘇武，可是匈奴堅持蘇武已經死了。

蘇武當年使節團成員之一的常惠教漢使對匈奴單于說：「漢朝天子在上林苑打獵，射下一隻鴻雁，雁足上繫了一封信，是蘇武親筆所寫，說他在某個大澤之畔。」

漢使將這番話對單于說了，單于大驚，表示蘇武確實仍在，放蘇武歸漢，前後十九年。

——《資治通鑑・漢紀十三》

【原典精華】

常惠私見漢使，教使者謂單于，言：「天子射上林①中，得雁，足有係②帛書，言武等在某澤中。」使者大喜，如惠語以讓③單于。單于視左右而驚，謝漢使曰：「武等實在。」乃歸武。

——《資治通鑑．漢紀十五》

漢宣帝親政，一心想要恢復武帝時的盛世，對武帝時代的老臣非常禮遇，賜給蘇武「祭酒」的稱號，每個月初一、十五上朝，丞相丙吉以次，都對他非常敬重。

蘇武只是前朝老臣，之所以被加入「中興功臣圖像」之列，乃因為漢宣帝有一項超越漢武帝的功業：南匈奴內附。

①上林：上林苑，西漢皇帝的獵場。
②係：繫。
③讓：質問。

16、王昭君

漢武帝時代的北方大敵匈奴，在漢昭帝時代分裂，到漢宣帝時代甚至出現過「五單于分立」，最後成為南北對立，北匈奴郅支單于與南匈奴呼韓邪單于勢不兩立。

郅支在一次戰役中擊敗呼韓邪，掌控了自冒頓單于以來的王庭（都城），幾乎就要完成統一大業。呼韓邪的股肱左伊秩訾王提出建議：「不如歸順漢朝，求得援兵，才有力量『平定內亂』（郅支同樣稱呼韓邪為「亂賊」）。」

呼韓邪徵詢大臣意見，諸大臣一致反對，說：「絕對不可。匈奴人的價值觀一向是崇拜英雄、鄙視服侍他人者。立國精神就是不斷的戰鬥，才建立了強大的國家。如今（分裂實況）不過是兄弟爭國，不是哥哥稱王，就是弟弟稱王，縱然戰死也有好名聲，子孫永襲單于。漢帝國雖然強大，但並沒有能力兼并匈奴，有什麼理由向它稱臣，汙辱祖先，貽笑國際？即使因此打贏對手，又如何再統御所有蠻族。」

呼韓邪當時不願推翻大臣眾議，可是第二年，他仍然親自率軍向漢朝皇帝朝貢。匈奴單于向中國皇帝「稽首」，自稱為「藩」；中國皇帝避位謙讓，不視之為「臣」，朝廷司儀則稱來人是「藩臣」，但不稱呼韓邪的名字。簡單說，漢宣帝對待匈奴單于，將他列位於諸王之上。

呼韓邪歸順漢朝，郅支也派使節來朝獻，但是漢宣帝反而對呼韓邪更好。郅支見無法討好，乃率眾北遷，一再擊破烏孫，與康居結成同盟。郅支既然北遷，呼韓邪乃率眾回到故地，並且還都王庭。

漢宣帝完成中興大業後去世，繼位的漢元帝劉奭派西域都護甘延壽、副校尉陳湯發兵擊敗北匈奴，郅支單于的人頭被送到長安示眾。

聽說郅支單于身死國滅，南匈奴呼韓邪單于更加表態來朝，並請求成為漢朝女婿。漢元帝命令相關官員研究可行性，郎中侍應持反對意見，認為「夷狄不可親，邊防不可罷」（反對通婚，更反對撤防），漢元帝最後裁決不答應撤防，只同意通婚——配婚對象之一就是王昭君。

昭君本名王嫱，十七歲被選入宮。當時後宮嬪妃甚多，漢元帝命令宮廷畫師毛延壽將她們逐一畫像呈閱，只挑選美貌者臨幸。後宮佳麗為此爭相賄賂毛延壽，請他畫得漂亮一些以爭取受皇帝「臨幸」的機會。王嬙自恃美貌，就是不肯賄賂毛延壽，毛延壽當然就故意將她畫得很平庸，以致進宮數年，卻一直未曾見過皇帝的面。

漢元帝答應賜給呼韓邪單于五位宮女，起初人選未定，王嬙主動提出意願出塞和番，於是被列入賜婚名冊。

呼韓邪單于結束入朝行程，漢元帝設宴為他送行，宴會中「點閱」賜婚的五位宮女，王嬙出場「豐容靚飾，光明漢宮，顧影徘徊，竦動左右」。那一刻，呼韓邪大為滿意，漢元帝暗自後悔，可是總不能失信夷狄而有損「上國天朝」體面，當場賜名「昭君」。

王昭君得寵於呼韓邪單于，乃寫信向漢元帝陳述當初的委屈。漢元帝接到這封信，下令將毛延壽等宮廷畫師十餘人通通處死，並且多次派王昭君的弟弟擔任宣撫北庭的使節，兩國之間因而維持一段相當長時間的友好和平。

王昭君為呼韓邪生了一個兒子，封右日逐王。呼韓邪單于去世，大閼氏（皇后）的兒子繼位為復株累單于。匈奴人習俗，父親死後，兒子連老爹的小老婆也一併繼承（不是野蠻，反而是照顧父親的女人，養育異母弟弟），王昭君認為她是漢天子所許嫁，應該遵照漢人禮節，因而上書漢朝請求回國。當時漢元帝已死，漢成帝在位，詔書要她遵從胡人習俗，王昭君只好再當新單于的閼氏，又生了兩個女兒。

【原典精華】

群山萬壑赴荊門，生長明妃①尚有村。
一去紫臺②連朔漠③，獨留青塚向黃昏。
畫圖省識春風面，環珮空歸月夜魂。
千載琵琶作胡語，分明怨恨曲中論。

——《唐詩三百首・杜甫・詠懷古蹟》

這是杜甫路過湖北宜昌「昭君村」時的詠懷之作，以感嘆這位為國獻身的奇女子。昭君死後葬在朔方，墳上草色獨青，有異於塞外「白草」，所以杜甫說「獨留青塚向黃昏」。王昭君對毛延壽是「仇恨」，對祖國是「遺恨」，但她的故事證明了和親比征伐更能帶給國家安全。然而，雖然外患暫時平靖，大漢帝國老百姓的「恨」，卻才要開始。

①王昭君死後，漢帝追封她為明妃。
②紫臺：皇宮。
③朔漠：指朔方以北的沙漠。漢代朔方郡即今內蒙鄂爾多斯高原，為極北領土。

17、模範生昏君

漢宣帝建立的中興氣象隨著他逝世而過去，繼位的是長子劉奭，也就是當初沒被霍顯毒死那個「貧賤時所生」的皇子，是為漢元帝。

漢元帝劉奭本質善良，智商也不低，更篤信儒學，崇尚王道。可是他有一個最大缺點：身體不好，多病。就因為這個緣故，模範生成了昏君，更糟糕的是，他太依賴宦官石顯，石顯乃成為西漢第一位弄權宦官。

石顯自宣帝時期就參與樞機，他上頭還有一位中書令弘恭，兩個宦官合作無間。元帝多病，所以朝廷事無大小，都透過石顯轉呈，再由皇帝裁決——專制體制之下，誰能掌握「見老大」的權力，誰就是「一人之下，眾人之上」，國家、幫派、企業皆然。因此，元帝即位短短幾個月，文武百官都對石顯敬畏有加。

石顯要對付的是宣帝臨終指定的「輔政三大臣」：大司馬史高（宣帝表叔）、光祿勳蕭望之、光祿大夫周堪。

石顯很快的與史高結成聯盟：史高雖然是大司馬，名義上是輔政三人幫之首，可是他不熟悉政務，形同被蕭望之架空。

蕭望之是當時的大儒，所以引進皇族中的儒家學者劉更生為給事中，職責是內廷服務，冀望以他取代宦官（石顯）與外戚（史高）的角色。結果，石顯在權鬥中獲勝，元帝（其實是石顯）下詔「擢升」劉更生為宗正，主掌皇族事務，卻不再入宮廷服務。（還是「一腳踢到樓上」的老招）

接下去，儒家文官與外戚的鬥爭白熱化，此時出現了一個投機分子鄭朋。他起初押寶文官派，上書控告史高及許、史兩大外戚家族劣蹟。

元帝將這份奏章給輔政大臣之一的周堪看，周堪建議召見鄭朋。鄭朋又送了一封自薦函給蕭望之，蕭望之接見鄭朋，發現他追求的是權力，而非原則是非，就不再理他。

鄭朋由失望轉怨恨，改投向史高集團，說「之前的事情（上書）是周堪、劉更生教唆的」。

官僚鬥外戚，給了宦官更大發揮空間，石顯建議皇帝召見鄭朋問話，鄭朋在皇帝面前檢舉蕭望之「五項小過、一項大罪」。

弘恭、石顯接著出手，奏請「將全案移送廷尉」。元帝不了解「移送廷尉」的實質意義，就批准了。

直到有一天，元帝召喚周堪、劉更生，左右回答：「他們已被收押。」才趕緊要人放他們出來。弘恭、石顯曉得，一旦他們官復原職，反撲必將猛烈。於是由史高奏報：「陛下即位不久，既然已經將師傅（蕭望之）、九卿（周堪）、大夫（劉更生）下獄，就不宜一百八十度改變。」於是元帝下詔：蕭望之免除前將軍、光祿勳職務，周堪、劉更生貶為平民。

【原典精華】

恭、顯奏：「望之、堪、更生……為臣不忠，誣上不道，請謁者①召致廷尉。」時上初即位，不省召致廷尉為下獄也，可其奏。後上召堪、更生，曰：「繫獄。」上大驚曰：「非但廷尉問邪！」以責恭、顯，皆叩頭謝。上曰：「令出視事。」恭、顯因使史高言：「上新即位，未以德化聞天下，而先驗師傅、既下九卿、大夫獄，宜因決免。」

——《資治通鑑．漢紀二十》

從此，蕭望之只有每個月初一、十五入宮朝見，但漢元帝對蕭望之仍然相當敬重，也重新起用了周堪與劉更生。

劉更生復出後，發動反撲，授意他的一個親戚上書：「隴右發生地震，顯示朝廷中有奸臣，地震是針對弘恭與石顯，只要罷黜這兩個宦官，任用蕭望之這種德高望重之人，天下就會太平，天災地變的泉源就得以塞住。」

元帝當時正生病臥床，任由石顯下詔，逮捕那位上書人，訊問之下，果然是受到劉更生的指使——劉更生再度貶為庶人。

同一時間，蕭望之的兒子蕭伋為老爹之前的遭遇上書喊冤。奏章交付廷尉，廷尉回奏：「蕭望之的事情並非誣陷，卻教唆兒子上書，有失大臣禮節，且犯不敬之罪。請准予逮捕。」

①謁者：傳達皇帝命令的近侍。

弘恭與石顯非常清楚，蕭望之絕對不可能接受下獄的屈辱，於是對元帝說：「如果不用牢獄的痛苦來挫挫他的驕氣，他自以為是皇帝的師傅（蕭望之曾任太子太傅），將無法阻止他的怨恨。」

元帝說：「蕭太傅個性剛烈，怎麼會願意接受入獄？」

石顯說：「人哪個不愛惜生命。蕭望之知道他犯的不是死罪，不必擔心他會自殺。」於是劉奭批准將蕭望之下獄。

有了皇帝的詔書，石顯等大張旗鼓，加深恐怖效果：由謁者帶著詔書，交給蕭望之親啟，同時調發執金吾（京師警備部隊）包圍蕭望之宅邸。

蕭望之問他的學生朱雲：「該怎麼辦？」朱雲也是個剛烈之士，遂建議老師自裁，以免受辱。

蕭望之仰天長嘆，教朱雲準備毒酒，一仰而盡……。

害死了蕭望之，石顯乃更加肆無忌憚，雖然漢元帝在位時間不長，石顯與弘恭羽毛未豐，只是兩個宦官加上一個馬屁集團，危害不深。可是，元帝去世後，他的皇后王政君卻主導了西漢帝國的最後一段，長達四十年，造成了超級災難。

18、燕啄王孫

漢成帝劉驁說起來頗有教養，也尊重才學之士的老師，可是喜愛美色成了致命缺點。

成帝即位，太后王政君下令挑選良家女「充實」後宮，有官員向大將軍領尚書事王鳳（王太后的哥哥）提出諫議，卻被太后否決，於是後宮充滿了美女。

漢成帝拜訪姊姊陽阿公主邸，看上了公主家一名歌舞伎趙飛燕——名為飛燕，因為她「腰骨纖細，身輕如燕，能做掌中舞」。既然皇帝看上，太后又縱容皇帝「充實後宮」，公主當然立即將趙飛燕送入宮中。

【原典精華】

落魄江湖載酒行，楚腰纖細掌中輕。

十年一覺揚州夢，贏得青樓薄倖名。

——《唐詩三百首・杜牧・遣懷》

杜牧這首詩的第二句，典故就是來自趙飛燕。趙飛燕是個奪床高手，弄了一個假的巫蠱案，硬栽給許皇后和另一位受寵的班倢伃，結果許皇后被廢。法吏拷問班倢伃，她上書皇帝：「俗話說『死生有命，富貴在天』，做好事積功德都未必受福報，又怎能期待幹壞事能得到福報？如果鬼神有知，不會接受邪行（指巫蠱）；如果鬼神無知，作法又有何用？所以，我不會去做這種事的。」成帝認為她說得很好，赦免她，並賞賜黃金百斤。

【原典精華】

考①問班倢伃，倢伃對曰：「妾聞死生有命，富貴在天。脩正②尚未蒙福，為邪欲以何望？使鬼神有知，不受不臣之愬③；如其無知，愬之何益？故不為也。」

——《資治通鑑・漢紀二十二》

班倢伃知道自己仍身陷危境，於是自動請求居住長信宮奉養太后。她在長信宮做了一首〈秋扇詩〉，意謂自己猶如扇子，天氣熱時「出入君懷袖」，秋天一到就「捐棄篋笥中」——這就是成語「秋扇見捐」的典故。

趙飛燕當上了皇后，可是仍擔心其他後宮女子爭寵，於是引進自己的妹妹趙合德，姊妹倆聯合占據了成帝所有的時間。

皇后的地位最終得由兒子來奠定，也就是生個兒子，並立為太子。可是，趙飛燕一直沒有懷孕，可能是她太瘦了，不適合受孕，也可能是成帝縱欲過度，精子濃度太稀薄。無論如何，趙飛燕的危機意識促使她進行兩個動作：一是陷害後宮姬妾有生兒子的，使得成帝「絕嗣」，時人稱之為「燕啄王孫」；一是用牛車偷載年輕男子入宮「借精子」。當然，這是無法長久保密的，漢成帝因為仍然寵愛趙合德，所以暫時沒殺趙飛燕，只是疏遠她而已。

有一天，皇帝與趙合德對飲，酒酣耳熱，突然湧起戴綠頭巾的怒火，趙合德離席下跪

①考：同「拷」。
②脩：同「修」。脩正：做好事。
③愬：音「素」，祈求。

為老姊求情，願代姊一死，邊說邊流淚，「梨花帶雨，涕淚盈襟」。皇帝扶她起身，說：「妳沒有罪，可是妳的姊姊，朕真想砍她的頭，斷她手足，方解心頭之恨。」趙合德叩頭不已，表示情願先死，成帝不捨得她這樣，就答應不殺趙飛燕。

酒喝完，趙合德急忙前往昭陽殿，對趙飛燕說：「姊姊還記得嗎？小時候家裡貧窮，我們靠編織草鞋到市場換米維生，有一天妳換米回來，風雨交加，家中卻沒有柴火可以炊米，咱倆又餓又冷又睡不著，我抱著姊姊的背，兩人哭了兩晚。

「今天，咱們姊妹僥倖富貴了，已經處在最高位，為什麼要自求毀滅？如果再犯錯，再惹皇帝怒火，就肯定沒救了。今天還有妹妹我能救妳，萬一妹妹死了，姊姊還能仰仗誰呢？」

姊妹兩人相擁而泣，可是趙飛燕仍不承認自己有姦情，只說：「姊姊我有則改之，無則自勉。如今皇帝專寵妹妹一人，希望妹妹能力挺我，就像當日我引薦妳一樣。」

從那次以後，皇帝不再去昭陽殿，只「臨幸」趙合德一人。有一次，趙合德正在沐浴，皇帝剛好駕到，就偷窺她洗澡，侍女通報，趙合德急忙熄滅燭火，不讓皇帝看。可是漢成帝覺得偷窺很新奇刺激，下一次又去，禁止侍婢通報，看得「神思飛蕩，若無所主」，對近侍說：「可惜不能有兩個皇后，如果可以，我馬上立昭儀（趙合德的後宮官階）

為后。」

趙飛燕聽說皇帝有此癖好，就準備妥當，請皇帝前往一觀。皇帝躲在屏風後面偷窺，趙飛燕知道他的位置，擺出各種媚態，並且以水濺向皇帝——「偷窺」的樂趣頓時消失無蹤，皇帝沒等她「演完」就走了。

趙合德努力促成皇帝與姊姊復合，就藉著為姊姊慶生的名義，請皇帝一同前往昭陽殿，酒至半酣，趙飛燕對皇帝說：「曾經有一次，妾弄污了皇帝的衣服，陛下說不要洗了，留為他日紀念。當時陛下在臣妾頸間留下了齒痕，好幾天都不消退，往事如煙，想起來不禁泣下。」漢成帝聽了，觸動舊情，趙合德一看氣氛對了，託辭離去，皇帝與趙飛燕當天晚上就在昭陽殿「重修舊好」。

這麼一位縱欲過度的天子，最終「死得其所」。那一天，一切正常：楚王、梁王來朝，隔天就要返國，當晚下榻未央宮白虎殿。任命左將軍孔光為丞相以及封侯的印信已經刻好，詔書也寫好。直到黃昏時分，一切如常。

隔天清晨，成帝起床，忽然手臂麻痺、無法言語，天亮不久就駕崩了。一時謠言四起，輿情譁然，矛頭指向昭儀趙合德。

以上是正史的記載，可是其他諸多個人著作卻指向漢成帝係因服用春藥過量致死。最

「精采」的版本如下：

成帝縱欲過度，到了後期，必須握著趙合德的玉足，才能興奮起來，於是廣求方士進藥。有一種「仙丹」，必須先在烈火中燒煉一百天，接著在大缸中貯滿水，將丹藥置入，水立刻沸騰，再換新水，一直重複到水不沸了，然後人可以服用。每次一粒，功效如神。

據說，那天晚上，成帝吞了十粒！宮女聽到寢室內「笑聲吃吃不止」。可是到了午夜，皇帝就陷入昏迷，直到清晨才稍醒。勉強下床，在穿褲子、襪子時，手忽然一鬆，褲子落在地上，人隨即也栽倒。侍者急忙扶他上床，只見精液大量湧出，不能停止，剎那間氣絕身亡。

成帝駕崩，皇家血脈由於「燕啄王孫」受到嚴重傷害，甚至可以說為後來王莽篡漢提供了充分條件，而老百姓的災難則自王家班掌權開始。

19、王家班

漢成帝劉驁即位之初，還頗思有所作為，第一道命令就是把元帝時弄權的宦官石顯改派長信宮太僕，只管太后出入車馬。

劉姓皇族中有一位優秀年輕人劉歆，成帝聽說，特別召見他。

劉歆在御前口出成章、誦讀詩賦，皇帝聽了很喜歡，當場就要任命他當中常侍，叫人取衣冠來。

左右侍臣說：「（這項任官令）還沒告知大將軍（王太后的哥哥王鳳）喔。」

成帝說：「這件小事，不必告訴大將軍。」

左右侍臣趴下叩頭，力勸皇上不可。

成帝只好跟王鳳說「我想要任命劉歆為中常侍」，詎料，王鳳認為不可，就沒有發布命令。

【原典精華】

時大將軍鳳用事，左右嘗薦光祿大夫劉向少子歆通達有異材，上召見，歆誦讀詩賦，甚悅之，欲以為中常侍；召①取衣冠，臨當拜②，左右皆曰：「未曉大將軍。」上曰：「此小事，何須關大將軍！」左右叩頭爭之，上於是語鳳，鳳以為不可，乃止。

——《資治通鑑・漢紀二十二》

中常侍是皇帝陪臣，不屬外朝官員，確實不干丞相、大將軍的事。這個故事可見：一、劉驁左右布滿了王鳳的眼線；二、王鳳頭腦清楚，皇帝任命中常侍是小事，可是外甥有主見卻是大事；三、舅舅不容外甥皇帝管政務。事實上，這最後一點正是王太后放縱成帝私生活的一個重要原因，於是劉驁就更加「荒淫」了。

糟糕的是，王鳳還算王家班當中最穩重的一個。

王鳳病了，病得很重，漢成帝劉驁親自前往探視，握著王鳳的手，流著淚說：「將軍萬一發生難言之事（說不出口的那個字「死」），我想讓平阿侯王譚接替你的位置。」

王鳳流著淚，在病榻上叩頭，說：「王譚那一批人，雖然是我的兄弟，可是他們行為不檢，不能作人民的表率，不如御史大夫王音，作風謹慎，我願以生命擔保他可以擔當大任。」

王譚，是王鳳的四弟，而王音則是王鳳的堂弟，並未封侯。王鳳死後，成帝任命王音為大司馬車騎將軍，掌握政務大權。

大司馬不是親舅舅，成帝愈發放縱，經常私自出宮冶遊，伴隨者乘坐小車，或乾脆大家一同騎馬，大街小巷，甚至長安近郊趴趴走，參加鬥雞、賽馬，對外自稱是「富平侯家人」。

王音因為血緣不夠親，難以強力規勸，於是導演了一場「雉雞秀」：在重大典禮「大射禮」時，忽然飛來一群雉雞，順著臺陛，登上宮舍，昂然高鳴。之後又有雉雞飛到太常（掌皇家祭祀）、宗正（管皇族事務）、丞相府、御史府、車騎府，最後飛到未央宮承明殿屋頂上。

王音為此上書：「《尚書》記載，商朝的武丁（商高宗）祭祀成湯（開國祖先）時，有野雉飛到大鼎的耳柄上下蛋。這本是一項不祥之兆，然因為武丁堅守正道，而能轉禍為

①召：應為「詔」。
②拜：任命官員的禮遇用詞。臨當拜：正要下達拜官令時。

福。如今雉雞飛臨，引起議論紛紛，這是上天示警，意在做出提醒，意義深切，應該特別小心。陛下有私遊的毛病，千萬不要忽視上天示警，要檢討改正，災變才會消失。」

言者諄諄，可是聽者藐藐，甚至有人向成帝「講小話」，於是成帝派中常侍去問王音：「聽說那些飛到皇城來的雉雞，很多都有羽毛折斷的痕跡（被捕捉而折羽），莫非有人故意如此？」

當家的王音還算謹慎小心，其他五位太后的親弟弟（王氏五侯）作風卻愈來愈糜爛，更相互競炫奢華，奇招百出。

成都侯王商有一次生病，為了避暑熱，竟然向皇帝借用明光宮；更為了引進灃水到自家人工湖中，擅自鑿穿長安城——為了個人享樂，前者破壞王室規矩，後者破壞國家安全。

成帝造訪王商家，看見穿城引水，大為惱怒，但是當場沒有發作。

之後，成帝私下出宮，造訪曲陽侯王根宅邸，又看見庭園、樓臺、假山，還模仿宮中白虎殿興築館舍。這下子終於忍不住了，責問王音，要他查辦。

王商、王根決定耍賴，自請行黥、劓之刑，向太后請罪。——兩個弟弟面上刺字、割掉鼻子向姊姊請罪，這是什麼意思？還不是拿太后來壓皇帝？

成帝這下子更火大了，派使者責問司隸校尉、京兆尹，為什麼明知五位侯爺「逾制」

而不查報？兩名官員左右不是，只好一齊到宮門外下跪叩首。

成帝下詔給王音：「外戚為什麼甘願自請黥、劓，還要到太后面前羞辱我！既傷我母親的心，又破壞國家制度！我已經被他們孤立太久了，現在我要展現魄力，你教他們都留在家裡聽候處分！」

王氏諸侯這才曉得事情大條，王音坐在草墊上（斬首行刑），王商、王立、王根背著斧頭與砧板請罪。

成帝就這樣讓幾位舅舅跪了好久，才下令讓他們起身。其實成帝從頭就沒想殺他們，只是給舅舅們下馬威而已。

【原典精華】

王氏五侯爭以奢侈相尚。成都侯商嘗病，欲避暑，從上借明光宮。後又穿長安城，引內灃水，注第中大陂①以行船。

①陂：池塘。

上幸商第，見穿城引水，意恨，內銜②之，未言。後微行出，過曲陽侯第，又見園中土山、漸臺，象③白虎殿。於是上怒，以讓車騎將軍音。

商、根兄弟欲自黥、劓以謝太后。上聞之，大怒，乃使尚書責問司隸校尉、京兆尹，知成都侯商等奢僭④不軌，藏匿姦猾，皆阿縱，不舉奏正法；二人頓首省戶下。又賜車騎將軍策書⑤曰：「外家何甘樂禍敗！而欲自黥、劓，相戮辱於太后前，傷慈母之心，以危亂國家！外家宗族強，上一身寖弱日久，今將一施之，君其召諸侯，令待府舍！」

是日，詔尚書奏文帝誅將軍薄昭故事。車騎將軍音藉藁⑥請罪，商、立、根皆負斧質⑦謝，良久乃已。上特欲恐之，實無意誅也。

——《資治通鑑・漢紀二十三》

王家班成員都不行，於是王莽出線了。

太后王政君的二哥王曼早死，沒來得及封侯，因此太后特別照顧王莽。王鳳生病時，王莽在病榻旁侍候，親自嘗藥，連梳洗的時間都沒有，衣不解帶好幾個月。王鳳為此感動，臨終請求太后與皇帝要照顧王莽，於是王莽出仕，擔任黃門郎，又升到射聲校尉（守衛北長安的禁軍八個指揮官之一）。

過了一段時間，王商上書，表示願意分一部分食邑給王莽，而好幾位士大夫也稱譽王莽。於是成帝封王莽為新都侯，晉升為騎都尉、光祿大夫、侍中——一下子躋身核心。

升了官、加了爵，王莽卻更謙恭有節。將自己的車、馬、轎、衣裘都分給門下賓客。家中沒有積蓄，俸祿、采金全都用於結交名士、將相、卿大夫。就這樣，他的聲望日漸高漲。

王莽有一次秘密買了一個婢女，被堂兄弟們知道了，他於是宣稱：「後將軍朱博沒有子嗣，我聽說這名女子有『宜子』之相。」當天就將婢女送給朱博。

王莽就是靠這一套沽名釣譽工夫，博得士大夫同聲讚揚，然後在幾位叔叔輪流執政之後，坐上了大司馬的位子。四個月後，漢成帝劉驁駕崩。在此之前，由於「燕啄王孫」，指定剛襲封定陶王的侄兒劉欣為皇太子，如今繼位為漢哀帝。

②銜：含，隱而不發。
③象：外形相似。
④僭：音「箭」，逾越法度。
⑤策書：漢朝皇帝命令中，最正式的一種，亦作冊書。
⑥藉：置於⋯之上。藁：草墊。
⑦斧質：鈇鑕，古時刑具。

王莽篡漢

語云：「今之愚也，詐而已矣。」

若莽者，其詐也，愚而已矣。

～趙翼《二十二史劄記》

20、四太后並立

王莽坐上了大司馬大將軍的位子，可是位子沒能坐穩，不久就下臺了，原因是「太后」太多。

漢哀帝劉欣即位，原本的皇太后王政君現在成了太皇太后，而成帝的皇后趙飛燕則成了皇太后（由於她的太后身分，得免於被清算，她的妹妹趙合德承擔全部罪過）。可是哀帝劉欣有自己的親生母親與祖母，她們仍襲用定陶王后、王太后（母親與祖母二人）的稱號，且被王政君「規定」：每隔十天才能前往未央宮探視孫兒、兒子。

這當然不合人情，所以哀帝劉欣一再爭取，卻只能做到讓祖母傅太后住進北宮（母親丁姬仍不行），且不能擁有皇太后的特權。

一位投機官員，高昌侯董宏，想要利用這個題目博取皇帝歡心，就上書說：「戰國時，秦莊襄王（也就是呂不韋投資的「奇貨」子楚）的母親原本是夏氏，然因被華陽夫人認領為兒子，即位後兩位『母親』都稱『太后』。建議稱定陶王太后為帝太后。」

這擺明了是馬屁，而且這馬屁還不通——定陶王太后是哀帝的祖母傅太后，要稱也該稱「太帝太后」，而母親丁太后才是「帝太后」。

這份奏章發下交辦，王家班人馬當然要遏止這股「歪風」，於是大司馬王莽、左將軍、關內侯等官員聯名彈劾董宏：「明知皇太后是至高無上的稱號，卻在如今這個天下一統的年代，引亡國的秦為喻，企圖誤導我大漢帝國，這份奏章『大逆不道』！」董宏被廢為庶人。可是傅太后為此光火，施壓哀帝，哀帝只好向太皇太后請求，王政君乃降詔：追尊定陶共王（劉欣的老爹劉康）為「恭皇」，於是傅太后乃成了「恭皇太后」，丁姬乃成為「恭皇后」。

如此安排，只能一時無事。有一次哀帝在未央宮擺宴，內宮主管將傅太后的座位排在太皇太后旁邊。大司馬王莽做事前檢查，看到如此安排，責備內宮主管，說：「封國國君之妻，豈可與至尊並坐！」下令撤去座位，另外安排位子。傅太后聽說此事，大發雷霆，拒絕參加宴會。王莽發現他捅了一個馬蜂窩，於是上表「乞骸骨」，哀帝則批准王莽的辭呈。

王莽下臺，丁太后的哥哥安陽侯丁明當上了大司馬。同時將王家班的丞相孔光免職，任命朱博為丞相。

朱博上臺，首要任務就是為傅太后上尊號，於是皇帝下詔：尊恭皇太后（傅太后）為太帝太后，恭皇后（丁太后）為帝太后。長安宮廷內，四位太后並立，每一位太后宮中都設立少府（管總務）、太僕（管車馬），位階都是中二千石（高太守一級）。

花錢事小。傅太后得了尊號之後，態度更驕傲了，跟王政君說話時，甚至稱她「嫗」（老太婆）！

【原典精華】

上置酒未央宮，內者令①為傅太后張幄，坐於太皇太后坐旁。大司馬莽按行②，責內者令曰：「定陶太后，藩妾，何以得與至尊並！」撤去，更設坐。傅太后聞之，大怒，不肯會，重怨恚莽；莽復乞骸骨。

……

於是四太后各置少府、太僕，秩皆中二千石。傅太后既尊後，尤驕，與太皇太后語，至謂之「嫗」。

——《資治通鑑．漢紀二十五》

傅太后這邊跟王太后「爭風」，那邊又「吃醋」，要報三十年前的一段舊恨。

漢元帝劉奭時代，王政君是皇后，傅太后當時是倢伃（亦作「婕妤」），後宮另有一位馮倢伃。

有一次，元帝前往虎園，欣賞野獸搏鬥，傅倢伃跟馮倢伃都在場。

突然，一隻野熊破檻而出，前爪攀住柵欄，作勢要往上爬。在場陪侍的親貴、姬妾，包括傅倢伃在內，都驚慌逃命。只有馮倢伃，勇敢的站到了野熊前面，直到武士趕到現場，格殺那隻野熊。

事後，元帝問馮倢伃：「妳怎麼敢這樣？」

馮倢伃回答：「野獸凶性大發，恐怕傷到至尊。但野獸只要抓到一個人，就不會再攻擊其他人，所以我願意以身承當。」

從此，元帝對馮倢伃倍加敬重，但傅倢伃卻因羞慚，而對馮倢伃銜恨在心。

元帝崩逝後，王皇后因兒子當皇帝而成了太后，傅倢伃隨著兒子去當定陶王太后，馮倢伃隨著兒子去當中山王太后。

---

①內者令：宮廷內務官的主管。

②按行：最後檢查（對宴會場地）。

漢哀帝時，中山王傳位到了馮太后的孫子劉箕子，他自幼患有眚病（中醫稱「肝厥」，病發時嘴唇與手指甲、腳趾甲都呈青色，西醫稱「先天性狹心症」），祖母馮太后親自餵養照護，每天為他祭祀禱告。

漢哀帝關心這位堂弟，派中郎謁者張由帶著御醫前往中山國診治。張由本人長年患「狂易」病（精神失常），到了中山國後，忽然病發，情緒失控，折回長安。

尚書用正式公文要張由說明他倉促折返的原因，張由怕獲罪，就編了一個故事，說他發覺中山馮太后祝禱詛咒皇帝與傅太帝太后，才急忙回京奏報。

這個胡謅卻勾起了傅太后的舊恨，於是借題發揮，派御史丁玄徹查本案，歷時數十天，查無實據。再派中謁者令（宦官）史立取代丁玄，逮捕馮太后的妹妹馮習等家人，酷刑之下，拷死數十人。最後，史立與一位御醫徐遂成達成交易，徐遂成作證：馮習賄賂他，趁給皇帝看病機會，毒死漢哀帝。一旦中山王立為皇帝，就封他為侯。

拿著徐遂成的口供，史立審問馮太后，馮太后當庭一一拆穿徐遂成口供中的破綻。這時，史立說了：「當年野熊破檻上殿時，妳何等英勇？如今怎麼怕了呢？」

史立此話一出，馮太后頓時明白這是怎麼回事。回到宮中，對左右說：「這是禁宮裡頭的事，更是三十年前的事，一個官吏怎麼會知道？根本就是借他的口，讓我知道為什麼啊！」於是服毒自殺。

【原典精華】

（史立）責問馮太后，無服辭①。立曰：「熊之上殿何其勇？今何怯也？」太后還謂左右：「此乃中②語，吏何用知之？欲陷我，效③也！」乃飲藥自殺。

——《資治通鑑．漢紀二十五》

任何冤獄，如果只看判決書，每個人都會認為鐵證如山，罪有應得。徐遂成的口供繪影繪形，外人誰也不敢說沒那回事。所謂「賊咬一口，入骨三分」，本案就是寫照了。而四太后並立的京城長安，可想而知的，必定政出多門，行政大亂，司法黑暗。可是漢哀帝劉欣卻無心於此，他跟成帝劉驁的興趣截然相反，他不愛女生。

①無服辭：沒有一句認罪的供詞。
②中：禁宮之中稱「禁中」。
③效：驗證。那句話證明是（傅倢伃）要陷害我。

21、斷袖之癖

漢哀帝不愛女生，寵愛一名男生董賢，封他為駙馬都尉、侍中。駙馬都尉是騎馬隨行，侍中是宮中隨侍，換句話說，董賢出入相隨，皇帝的賞賜更不計其數。依照專制體制（不論古今）的規則，最接近皇帝（獨裁者）的那個人，就是權力「一人之下」的那個人，於是董賢自然成為朝廷百官巴結對象。

有一次，哀帝與董賢同床睡午覺。哀帝想起床了，董賢尚未醒。偏偏董賢的身子壓到了哀帝的衣袖，若用力拉出衣袖，可能會弄醒他。哀帝不願打擾董賢好睡，就用剪刀剪斷了龍袍的袖子，輕手輕腳獨自起床。這就是同性戀代詞「斷袖之癖」的典故。

漢哀帝專情於董賢，但董賢卻並非單純同性戀，他家裡還有老婆。哀帝非但不介意，還下令董賢的妻子住進宮中，與董賢同住一處。董賢的妻子有個妹妹，哀帝又將她召入宮中，立為昭儀，後宮地位僅次於皇后，這個四角關係還真有點複雜。總之，董賢與老婆、小姨子每天從早到晚，包圍了漢哀帝。

這種情形，對西漢的儒家大夫而言，當然不以為然，可是又沒有什麼古例可以諫諍——西漢的儒家學者非常崇古，開口閉口「三代」。問題在於，之前的歷史上，因寵愛姬妾而亡國的例子很多，卻沒有同性戀的！

尚書僕射鄭崇看不過去了，上書直言諫諍（所謂直諫，就是沒有引用經典上的故事，直指皇帝不可以喜好「男色」）。

漢哀帝看了很火大，可是又不好直接說「我就是不愛女生愛男生，怎麼樣！」，只能在其他事情上面對鄭崇找碴。

尚書令（僕射的上司）趙昌揣摩上意，出面檢舉：「鄭崇與他的家屬往來密切，懷疑有不可告人的勾當，請准予查辦。」

哀帝抓住這個，責問鄭崇：「你自己家裡熱鬧得跟市場一樣，為什麼要勸阻皇帝我交朋友？」

鄭崇回答：「我家中雖然人們出入頻繁，可是我的心卻平靜如水（操守如水之清澈，問心無愧），我願接受司法訊問。」

哀帝聞言大怒，將鄭崇下獄，指示嚴加審問。

【原典精華】

駙馬都尉、侍中雲陽董賢得幸於上，出則參乘，入御左右，賞賜累鉅萬，貴震朝廷。常與上臥起；嘗晝寢，偏藉①上袖，上欲起，賢未覺，不欲動賢，乃斷袖而起。又詔賢妻得通引籍殿中，止賢盧。又召賢女弟以為昭儀，位次皇后。昭儀及賢與妻旦夕上下，並侍左右。

……

上責崇曰：「君門如市人，何以欲禁切主上？」崇對曰：「臣門如市，臣心如水。願得考②覆！」上怒，下崇獄。

——《資治通鑑・漢紀二十六》

事實上，鄭崇得罪的人可多了：傅太后、太后的弟弟傅商，再加上董賢（與老婆、小姨子），權力中樞全得罪光了，最後得罪了皇帝，還被頂頭上司檢舉，所以幾乎滿朝噤聲。鄭崇最終死在獄中，唯一「白目」為他說話的司隸校尉孫寶，也被廢為庶人。

漢哀帝在位期間最後做的一個重大政治制度變革，是確定「三公」的官名與職掌：大司徒掌行政，大司馬掌軍事，大司空掌監察。但實質權力握在大司馬手中，而哀帝任命他的同性戀人董賢為大司馬。

五十天後，哀帝駕崩，董賢位居一人之下，卻不知所措。和他一樣茫然的，還包括丁、傅兩家外戚。

①偏：側身。藉：臥其上。
②考：審訊。

22、王政君奪璽

太皇太后王政君可是見過大風大浪的，至少她經歷三次皇帝駕崩（漢元帝、漢成帝、漢哀帝），曉得這個時候最重要的東西是傳國玉璽。她在第一時間駕臨未央宮，收取皇帝印信，用皇帝印信召喚大司馬，董賢完全抓瞎，只會脫下官帽請罪！

王政君說：「新都侯王莽曾經以大司馬身分辦理過先帝（漢成帝劉驁）的喪事，他熟悉規章，又有經驗，我想請他來幫你忙。」

董賢邊叩頭邊說：「非常感謝。」

王太后立即派出使者，飛馳召來王莽。並下令（用皇帝印信）尚書將所有發兵用的符節，以及百官上奏的文書通通交給王莽，中黃門與期門兵（禁宮侍衛）也都由王莽統領。

軍政大權到手後，王莽秉承太后旨意，指示尚書彈劾董賢，指他「在皇帝臥病時，不親自侍奉湯藥」，禁止董賢進入皇宮。董賢甚至不曉得他已大禍臨頭，脫下帽子，赤著雙腳，在宮外叩謝。

隔天，王莽命尚書持太后詔書，向董賢宣讀：「董賢年紀太輕，少不更事，擔任大司馬不孚眾望，就此收回大司馬印信，免官回家。」

當天，董賢跟老婆一齊自殺（避免族誅）。家人惶恐，不敢張揚，趁夜將他們埋葬。王莽還懷疑董賢詐死，命主管單位開棺驗明正身，遺體抬到監獄檢視，證實是董賢無誤，就埋在監獄中。

【原典精華】

太皇太后聞帝崩，即日駕之未央宮，收取璽綬。太后召大司馬賢，引見東箱①，問以喪事調度。賢內憂，不能對，免冠謝。

太后曰：「新都侯莽，前以大司馬奉送先帝大行②，曉習故事③，吾令莽佐君。」

①箱：廂，借用字。引見東箱：在皇宮東廂接見。
②大行：皇帝去到另一個世界稱「大行」。
③曉習故事：對過去的事情有經驗。

賢頓首：「幸甚！」

太后遣使者馳召莽，詔尚書，諸發兵符節、百官奏事、中黃門、期門兵皆屬莽。

莽以太后指使尚書劾賢，帝病不親醫藥，禁止賢不得入宮殿司馬中；賢不知所為，詣闕免冠徒跣④謝。

己未，莽使謁者以太后詔即闕下冊賢曰：「賢年少，未更事理，為大司馬，不合眾心，其收大司馬印綬，罷歸第！」

即日，賢與妻皆自殺；家惶恐，夜葬。莽疑其詐死；有司奏請發⑤賢棺，至獄診視，因埋獄中。

——《資治通鑑．漢紀二十七》

太皇太后再下詔，請三公與大夫一同推舉大司馬人選，當時朝廷已經多半是「西瓜族」，當然一致推舉王莽（只有兩個不識相的相互推舉對方）。最後王政君「採納眾議」，任命王莽為大司馬領尚書事（相當今天參謀總長兼總統府秘書長），軍政大權一把抓。

王莽當上大司馬後，將太后趙飛燕貶為「孝成皇后」，傅太后改稱「定陶共王母」，丁太后改稱「丁姬」，傅、丁二姓外戚一律免職還鄉——現在又只剩一位「太后」了。

王政君與王莽商量決定，由中山王劉箕子（前文馮倢伃的孫子，今年九歲）入嗣大統，即位為漢平帝。王政君仍稱太皇太后，臨朝聽政，政府施政、官員任命，全由王莽作主。

經過一次下台，王莽這下子復出，已經不再是「為姑媽辦事」，他有自己的盤算。通常，那就稱為「不臣之心」。

④跣：音「顯」，光腳。
⑤發：開啟。發棺：開棺驗屍。

23、山寨周公

王莽打從重掌大權的第一刻，就設定了目標：取代劉姓為帝，也就是篡漢。

在此之前，幾乎只有武力轉移政權的先例，如商湯、周武，乃至秦始皇、漢高祖。王莽沒有武力革命的條件，所以他精心設計了一套和平轉移政權的模式，他利用了儒家稱頌的堯舜禪讓政治神話，決定複製相同情境。但是他沒有舜、禹的功勞，因此他先複製「周公」。

漢平帝劉箕子即位元年，剛好是耶穌誕生之年，王莽就導演了一幕「白雉秀」：

王莽暗中授意益州郡官員，教唆邊疆少數民族自稱「越裳王國」，必須經過兩層以上的翻譯，才能溝通。他們向漢帝國進獻一對白雉雞、一對黑雉雞。

王莽報告太皇太后王政君，王政君下詔（其實是王莽擬好的詔書）：「用白雉祭祀皇家宗廟。」

接下去，群臣開始馬屁大賽，紛紛進言：「這跟周公輔佐成王時的祥瑞相同。所以應該封王莽為安漢公，並增加他的采邑。」——漢帝國最早只有功臣可以封侯，後來外戚無功也可以封侯，但僅止於侯爵，王莽如今要「升等」為公爵，超越所有包括劉姓的侯爵。

王太后下令尚書作業，王莽卻四度上書懇辭，還稱病不起。左右勸太后：「不用勉強王莽，且依他之前上書懇辭的建議，封四輔（王莽的班子孔光等四人）為侯就好了。」

可是，太后封了四人，王莽仍然稱病，於是馬屁集團又紛上奏章：「王莽雖然謙讓，可是國家該表揚的，還是應該表揚，不能讓文武百官與天下人失望。」

於是太皇太后再下詔：「封王莽為太傅，為四輔的首腦，晉封安漢公，加封采邑二萬八千戶。」

王莽仍佯作惶恐，「勉強」起身就職，接受太傅職務及安漢公稱號，可是他堅持不增加采邑，表示：「希望在百姓家家衣食豐足之後，再接受封賞。」

王太后於是下令：不增加采邑，但俸祿加倍。王莽仍然懇辭，並上書建議加封劉姓宗室。王太后則從善如流，一口氣封了幾十位王侯，外加高級公務員可以領三分之一俸祿的退休終身俸，以及實施照顧鰥寡等社會福利政策。簡單說，因為王莽，福澤遍及全民，這下子，他的聲望更高了。

最先警覺王莽有野心的是大司空彭宣，但是他不敢有動作，只消極上書王太后請辭：「三公輔佐皇帝，好比鼎有三足，任何一足能力不夠，就會讓整鍋美食翻覆。我老了，腦筋不行了，自請交出大司空與長平侯的印信，讓我可以回家鄉養老，安享天年。」

用「鼎」來打比方，是有所影射的，因為自古「鼎」就是君權的象徵。而且彭宣的邏輯有漏洞：鼎有三足，一足不任可以造成翻覆，一足太長（王莽權力超大）還不是一樣會「覆鼎」？彭宣以退為進，說得婉轉，也因此未招殺身之禍。王太后批准彭宣辭去大司空職，保留爵位，回到長平縣采邑，安享餘年。

下一個自目仔是申屠剛，他上書太后：「皇帝年紀還小，應該派出使者，迎接中山王太后到長安，住在別宮，能讓皇帝不時見到生母。同時召馮、衛等家外戚入京襄助，以鞏固領導中心。」

申屠剛的奏章上去，太皇太后立即下詔：「申屠剛所說，背離大道，誠屬邪說妄言。」免職回家。

再下一位，是之前幫鄭崇說話的孫寶。由於他之前對抗董賢，王莽上臺後，請他復出擔任大司農（九卿之一）。

有一次，越嶲（今四川省境內）的長江上游出現黃龍游泳。太師孔光、大司徒馬宮都藉此祥瑞表示「安漢公的功德上比周公，應稟告皇家宗廟」。

孫寶聽不下這等馬屁，說話了：「從前，周公是偉大的聖人，而同時間的召公是偉大的賢人，兩人同時輔佐周成王，尚且還有意見不合的時候，都記載在經典中，但也無損於兩位聖賢的人格。如今，天下仍稱不上風調雨順，老百姓還未能家家足衣足食。可是朝廷中每有大小事，群臣卻只有一種聲音（稱頌王莽），難道說，我們讚美了不該讚美的？」

此話一出，滿朝大臣盡皆失色。王莽班子之一的光祿勳甄邯立刻宣布：奉太后旨，停止討論。

【原典精華】

扶風功曹申屠剛以直言對策曰：「……宜亟遣使者徵中山太后，置之別宮，令時朝見，又召馮、衛二族，裁與冗職①，使得執戟親奉宿衛，以抑患禍之端。上安社稷，下全保傅。」

①裁與冗職：以非正式的官銜參與政策裁定。

莽令太后下詔曰：「剛所言僻經妄說②，違背大義！」

……

越巂郡上黃龍游江中。太師光、大司徒宮等咸稱「莽功德比周公，宜告祠宗廟。」大司農孫寶曰：「周公上聖，召公大賢，尚猶有不相說，著於經典，兩不相損。今風雨未時③，百姓不足，每有一事，群臣同聲，得無非其美者？」時大臣皆失色。

——《資治通鑑．漢紀二十七》

然後司法系統開始行動：彈劾孫寶對父母不孝。孫寶說：「我已經七十歲了，糊塗昏聵，疏於奉養母親，願接受處罰。」——完全不答辯。於是免職回家，後來死在家中。

就這樣，王莽一面複製周公模式沽名釣譽，一面剷除異己，攫取權力。

②僻：同「避」，離開。僻經妄說：離經叛道的胡言亂語。

③風雨未時：天災打亂了農時。

24、王莽嫁女兒

截至目前為止，王莽的權力都來自太皇太后王政君。可是王太后已經七十多歲，以古時候的平均壽命而言，已經非常高壽。萬一哪天太皇太后乘鶴西歸，王莽的權力將頓時落空。

於是，王莽為自己買一個「保險」：讓自己成為皇帝的岳父，也就是將女兒嫁給皇帝，當上皇后。萬一王政君過世，他仍然是皇后的父親，仍然可以名正言順掌握大權，因為外戚掌權已經成為理所當然。

於是他上奏：「皇帝即位三年，皇后還沒確定（其實漢平帝才十一歲）。多少年來，國家最大的危機，就在於皇帝無子。……」

太皇太后將奏章交付有關單位辦理，有關單位當然非常識相，太后娘家的王姓家族只要有適婚女兒，一律列入選后名單。

可是，王莽卻突然發現，他的女兒並不是百分之百被選中，於是改變策略，上書說：「我的德性不足，女兒也沒有才德，還是不宜與眾女子並列選拔。」

王太后真的老糊塗了，以為王莽是真心誠意的，乃下詔：「王家的女兒，是我的娘家，不列入考慮。」

這下子又搞「左」了，於是馬屁集團發動人海戰術，平民、儒生、中下級官吏，每天都有上千人到皇宮外請願。而大臣則在宮內、朝廷發言表態：「安漢公的勳業如此崇隆，立皇后豈可排除他的女兒？我們一致希望他的女兒能立為皇后！」

王莽又拿出他的「謙讓」做工，派出官員分別勸阻大臣們以及儒生們，然而大家已經都了解這一套的意思，因此上書的人更多了。

【原典精華】

莽欲以女配帝為皇后以固其權，……事下有司，上眾女名，王氏女多在選中者，莽恐其與己女爭，即上言：「身無德，子①材下，不宜與眾女並采②。」太后以為至誠，乃下詔曰：「王氏女，朕之外家，其勿采。」

庶民、諸生、郎吏以上守闕上書者日千餘人，公卿大夫或詣廷中，或伏省戶下，咸言：「安漢公盛勳堂堂若此，今當立后，獨奈何廢公女，天下安所歸命！願得公女為天下母！」

莽遣長史以下分部曉止公卿及諸生，而上書者愈甚。

——《資治通鑑．漢紀二十七》

王太后這下子給搞糊塗了，但是老太太仍然批准了大夫們的建議，派人專案去「考察」王莽的女兒是否合格當皇后——結果不必說，是嗎？

主管機關奏報：「依例，皇帝娶皇后的聘禮是黃金二萬斤，合二萬萬錢。」王莽再次演出「澤被大眾」：只接受六千三百萬錢，並且撥出四千三百萬錢給獲選偏宮的十家，其他分給王姓家族的貧苦親屬。

王莽風光的嫁了女兒，可是接下去卻逼死了兒子。

王莽的兒子王宇認為，小皇帝終有長大的一天，一旦那一天到來，報復手段將非常嚴

①子：指的是女兒。
②采：同「採」，選擇。

酷。

於是王宇開始私下與衛氏外戚來往，並教衛姬（平帝的生母）上書謝恩，保證不會效法丁、傅兩家（哀帝的母親、祖母）作風，可是這一招只得到增加采邑的賞賜。衛姬思念兒子，日夜哭泣。王宇教她再次上書，請求來京探視兒子，仍被拒絕。

王宇跟他的老師吳章，還有大舅子呂寬，想出了一個笨方法：

吳章認為，王莽不愛聽諫，卻愛聽鬼神之事，可以用怪異之事讓他驚恐，然後再趁勢請他將政權轉移衛氏家族。

計議既定，王宇教呂寬拿一罐鮮血，趁夜潑灑到王莽宅邸大門，不料卻被守門吏發覺。於是奸計敗露，王莽將王宇逮捕送進監獄，王宇在獄中服毒自殺。王宇的妻子呂焉當時懷有身孕，在監獄中生產後處決。

右將軍甄邯將此事報告太皇太后，王太后降詔王莽：「你居於周公的位置，輔佐周成王一樣的幼主，並且施展周公誅殺管、蔡的手段，大義滅親，不因為親情而傷害國君，特此嘉勉。」

這一幕堪稱馬屁功夫的經典：逼死兒子都可以扯上周公！

25、九錫與造神

王莽的爵位已經是「公」，凌駕所有「侯」之上了，可是公爵的地位還在諸王之下。高祖劉邦的遺訓「非劉不王」依然牢不可破，王莽既不姓劉，當然不能封王，只能另闢蹊徑。

首先，由太保王舜等率領官員人民等八千餘人聯名上書，請求：「尊稱王莽為『宰衡』，位在三公之上。」這個「宰衡」是個新發明，但卻有古例為本：商朝的伊尹稱「阿衡」，周朝的姬旦（周公）稱「冢宰」，前者曾放逐天子暫時攝政，後者曾輔佐幼主並攝政，所以兩個稱號都是「攝政王」的位階。如今合併兩位古聖人的尊稱，以示王莽的地位和他倆加起來一樣。

然後，文武百官再聯名上奏：「從前，周公攝政七年，國家的制度才釐訂妥當，而今，安漢公輔政只不過四年，實際負責更只有兩年，卻已大都完成。所以，應該將『宰衡』的地位提高到諸侯的『王』之上。」

太皇太后下詔「可」，同時下令研究「九錫」之法。

古字「錫」通「賜」，所謂九錫，就是賜給九種代表身分的事物，一般是：一、賜車馬；二、賜衣服；三、賜樂則（專屬的音樂）；四、賜朱戶（大門用朱紅色）；五、賜納陛（府邸正廳前臺階得設斜坡）；六、賜虎賁百人（外出時的排場）；七、賜弓矢（得不待詔命征伐）；八、賜鈇鉞（得不待詔命誅殺）；九、賜秬（祭祀用的美酒）。

東西沒啥出奇，但卻是天子專用的排場，封國君王也只有特殊恩賜才准用一、二項，如今卻全套賜給一個外姓臣子——自此之後，史書上只要一出現「加九錫」，就是權臣要篡位、新王朝要登場了。

太皇太后王政君批准賜給王莽的九錫，與前述九錫大不相同：綵韍（彩色的蔽膝）、袞冕（龍袍王冠）、衣裳、瑒琫（佩刀柄上的裝飾白金）、瑒珌（佩刀鞘上的裝飾璧玉）、句履（尖端上翹的鞋子）、鸞路（車上的鸞鳳裝飾）、乘馬、龍旂九流（有九條流蘇的龍旗）。

除了這九項之外，還有皮弁（盔帽）、素積（戰袍）、戎路（戰車）、乘車、彤弓矢（紅色的弓）、盧弓箭（黑色的箭）、左建朱鉞（赤色大斧）、右建金戚（金色大斧）、甲冑一副、秬兩罈、圭瓚（玉酒壺）兩個、九命青玉珪（青玉製的最高官位信物）兩個，以及傳統九錫中的朱戶、納陛，虎賁衛士則有三百人（傳統的三倍）。

這些玩意兒，之前都是天子才准用的儀仗排場，如今王莽都有了。然而對王莽而言，看起來像皇帝是不能滿足的，他志在「移鼎」，則必須有「天命」。天命是上天給的，於是他開始「造神」。而王莽為了篡位的種種「設計」，確實稱得上創意十足，要知道，那可是二千年前喔。

王莽派中郎將平憲等為使節，攜帶大量金銀財寶，到塞外收買羌族，要他們主動表示「願意獻出土地，歸屬中國」。但事實上，漢朝並沒有派官吏前往，西羌部族也並沒有真的獻出土地，平憲等人只有離開關中地區，帶回來一些地圖，然後看圖說故事。

此行的最大任務，是平憲等回朝覆命時的奏報：西羌諸部（人口約一萬二千人）首領良願等，自願呈獻土地，並為漢朝藩屬，永為漢朝的西方屏障。而重點更在於以下對話：

平憲問良願：「你們這麼做的用意何在？」

良願說：「太皇太后至為聖明，安漢公至為仁愛。天下太平，五穀豐登，有些稻禾長達一丈有餘，有的一根麥桿上能結出三個麥穗，甚至不下種卻自己生出作物，沒有蠶吐絲也能成繭。甘露從天上降下，甘泉自地下湧出；鳳凰飛到長安朝拜，神雀也雲集長安城。最近四年（王莽輔政四年）以來，羌人毫無疾苦，所以自願歸屬。」

當然這些都是編出來的，羌中（青海東部）即使四年安和樂利，也肯定不是「太皇太后聖明，安漢公至仁」，而是漢帝國自顧不暇，沒去侵擾邊彊！

外夷來朝還不夠，還得海內人民歌頌。王莽派王惲等人，到全國各地考察民風。任務圓滿達成，回京覆命，奏稱「天下風俗美好」。

而此行真正任務是：假造各方的民歌、童謠，都是歌頌王莽的功德，共三萬多字。

【原典精華】

乃遣中郎將平憲等多持金幣誘塞外羌，使獻地願內屬。

……

（良願）對曰：「太皇太后聖明，安漢公至仁，天下太平，五穀成孰①，或禾長丈餘，或一粟三米②，或不種自生，或不蠶自成；甘露從天下，醴泉③自地出；鳳皇來儀，神爵④降集。從四歲以來，羌人無所疾苦，故思樂內屬。」

……

王惲等八人使行風俗還，言天下風俗齊同，詐為郡國造歌謠、頌功德，凡三萬言。

——《資治通鑑．漢紀二十八》

打從《詩經》以來，中國人民就以詩歌發抒情感，也評論時政，有謳歌賢君良臣的，也有諷刺昏君佞臣的。王莽以恢復三代道統為號召，所以搞出這一套。

既然海內昇平，理所當然就沒有盜賊，司法機關於是沒有訴訟，監獄裡沒有囚犯，所謂「野無飢民，道不拾遺」，達到儒家「以教化行政」的最高境界。於是王莽下令廢除所有刑罰，萬一有人犯法，則僅施予「象刑」。

所謂「象刑」，是儒家學者造出來的一個神話：堯舜時只施象刑，教重罪犯人穿土黃色無縫邊的衣服，中等犯人穿草鞋，最輕者用黑布包頭，另外還有幾種不同版本。重點在於，那是一種象徵性的處罰，表示教化成功，人都有羞恥心，不會犯罪。

當然這些都是欺騙天下人的手法，可是「象刑」又有一層意義：王莽開始將自己導向「堯舜」，也就是為「禪讓」鋪路。

唯一的問題是，皇帝已經十四歲，年紀不小了，他已經想要親政，更不可能「禪讓」。

---

①孰：同「熟」。
②粟：古時候對穀類的通稱，北方當指麥類。三米：一枝麥桿生三枝麥穗。
③醴：音「禮」，美酒。醴泉：甘泉。
④爵：通「雀」。

26、假皇帝

小皇帝劉箕子為了生母衛姬不能來京，還有舅舅被殺，一直對王莽銜恨在心。而儒家大臣請求歸政的聲音，雖然王莽用恐怖手段鎮壓，卻仍然前仆後繼。王莽知道，這個「問題」必須做一次徹底解決。

漢平帝登基第五年的冬天，皇帝主持臘祭，王莽向皇帝獻上椒酒，在酒中下毒，小皇帝毒發，在床上輾轉呼號。王莽即刻撰寫祝禱文，向上天祈求，願用自己生命，代替皇帝一死。祈禱後，將禱文鎖入金匱，放在金鑾前殿，下令官員不許洩露。

如此行事模式露出蹊蹺：這是套用古時候周公的故事，問題在於，王莽的第一反應居然是寫禱文，而非召太醫、問病情、事湯藥（當初他對王鳳可是緊守病榻親侍湯藥）。所以，雖然《漢書》沒記載「王莽鴆殺皇帝」，可是後世仍認定是王莽幹的。而漢平帝劉箕子雖不是第一個被弒的國君，卻是第一個被毒殺的國君。

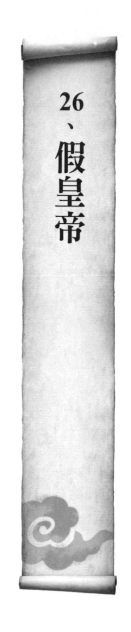

無論如何，皇帝死了，國不可以一日無君，該立哪一個？仍然立劉姓子孫嗎？

就在這時，「異象」又出現了：一位大長安市的地方官員奏稱，水井裡挖出一塊白石頭，上圓下方（象徵天圓地方，暗示是「天命」），上面有硃紅字「告安漢公莽為皇帝」——這是史書記載「符命」（一種神秘天書預言）的開始，王莽利用的是「儒家管地上，陰陽家管天上與地下」。

王莽指示三公向太皇太后奏報此事，王政君曉得王莽要幹什麼，說：「這是欺騙天下人的手段，不可以施行！」

太保王舜對太后說：「事已如此，已經沒有能力阻擋王莽了。況且王莽也沒要求太多，只想要一個攝政的名義而已。」

【原典精華】

謝囂奏武功長孟通浚井得白石，上圓下方，有丹書著石，文曰：「告安漢公莽為皇帝。」符命之起，自此始矣。

莽使群公以白太后，太后曰：「此誣罔天下，不可施行！」

太保舜謂太后曰：「事已如此，無可奈何。沮之，力不能止。又莽非敢有它，但欲稱攝以重其權，填服天下耳。」太后心不以為可，然力不能制，乃聽許。

——《資治通鑑．漢紀二十八》

時勢比人強，王政君沒辦法，只好下詔由王莽攝政。於是群臣聯名奏報：「我們請求，安漢公坐皇帝寶座，戴皇帝冠冕，穿皇帝衣服，南向接受群臣朝拜，官員及平民都自稱『臣』、『妾』，一切如天子制度。祭祀天地的典禮中，司儀稱『假皇帝』，臣民稱『攝皇帝』，安漢公自稱『予』（不稱『朕』），發布命令用『制』（不用『詔』）。朝見太皇太后與帝、后時，仍稱『臣』。」

攝政，仍是周公模式。而為了演出「周公佐成王」更加逼真，王莽挑了一個兩歲的小皇帝，宣帝的玄孫劉嬰，稱號「孺子」（史稱「孺子嬰」），由王莽抱在懷裡聽政。當初以「周公佐成王圖」交代霍光的漢武帝，若地下有知，不曉得作何感想？

27、反撲無力

王莽給劉嬰的稱號「孺子」，也有來歷：周公輔佐成王時，管叔、蔡叔放謠言，說周公將對「孺子」不利。但後來事實證明，周公忠心耿耿，絕無貳心。王莽給劉嬰這個稱號，再次標籤自己是「周公」。

雖然王莽再標榜「周公」，可是只要眼睛沒瞎的，都已經看出，王莽不可能是周公。最簡單的思考，周公姓姬，但王莽不姓劉！

劉姓皇族中一個不怕死的安眾侯劉崇，與他的封國相張紹密謀：「王莽一定會危害劉氏皇族，天下諸侯都不認同他，可是沒有人敢先動手，這是身為皇族的恥辱。我當代表皇族率先討伐王莽，各路諸侯都會響應。」

張紹表示支持，於是募集數百人，進攻宛城，攻不下來，敗退回安眾。

這兩個人造反，卻嚇死了身在長安的親族，因為造反是要誅全族的。因此，張紹的堂弟張竦與劉崇的堂叔劉嘉，一同到未央宮前自首待罪。王莽赦他倆的罪，張竦乃代劉嘉上奏，歌頌王莽，聲討劉崇，奏章中寫道：「我願做為皇族表率，父子兄弟背著竹筐、拿著圓鍬，馳赴南陽，將劉崇的宮室夷平並灌污水。拆毀他的宗廟如同周朝拆毀商朝的宗廟，將宗廟裡的祭器分送各諸侯，永遠做為鑑戒。」

王莽見到奏章，大喜，封劉嘉與七個兒子為侯。後來曉得是張竦執筆，再封張竦為侯。長安人民做歌謠諷刺此事：「想封侯，找張伯松（張竦字伯松）；拚了命戰鬥，不如會寫奏（章）。」

【原典精華】

紹從弟竦與崇族父嘉詣闕自歸①；莽赦弗罪。竦因為嘉作奏，稱莽德美，罪狀劉崇：「願為宗室倡始，父子兄弟負籠荷鍤②，馳之南陽，豬③崇宮室，令如古制；及崇社宜如亳社④，以賜諸侯，用永監⑤戒！」

於是莽大說，封嘉為率禮侯，嘉子七人皆賜爵關內侯；後又封竦為淑德侯。長安為之語曰：「欲求封，過張伯松。力戰鬥，不如巧為奏。」

——《資治通鑑．漢紀二十八》

劉姓皇族既沒骨氣又沒力量，下一個造反的是地方官。東郡太守翟義與他外甥陳豐密謀：「我身為丞相的兒子（翟義的父親翟方進，漢成帝時擔任丞相前後達十年），又是一個大郡的太守，父子同受朝廷恩典，有責任為國討伐逆賊，安定社稷。所以，我決定動員軍隊，向西進攻，誅殺所謂假皇帝，另行擁戴劉姓皇族為真皇帝。即令大事不能成功，身雖死而聲名立，對得起先帝。你敢不敢加入行動？」陳豐那年才十八歲，年輕氣盛，一口承諾。

翟義於是擁戴嚴鄉侯劉信為皇帝，劉信的兒子劉匡封東平王，所以東平國的軍隊也一同舉事。傳檄天下：「王莽鴆殺孝平皇帝，自稱假皇帝，想要篡位。如今天子已經即位，全國諸侯應當共同代天行罰。」大軍抵達山陽時，已有十餘萬人。

王莽得報，驚惶失措連飯都吃不下。發動所有的黨羽、近親，組成七個兵團向叛軍進

①歸：認罪。用法如「歸罪」。
②鍤：音「察」，以手起土的工具，類似圓鍬。
③豬：豬刑。依據《禮記》，犯叛國罪者被誅殺後，將他的住宅夷平，做為污水塘。
④亳社：商朝定都於「亳」，亳社就是商朝的祖廟。
⑤監：鑑。

攻。太皇太后王政君對左右侍臣說：「人同此心，心同此理。我雖是個女人，也知道王莽會嚇得半死。」

近畿地區（三輔）聽到消息，一下子有二十三個縣爆發民變，兩名領袖趙朋、霍鴻自稱「將軍」，擁兵十餘萬人，向長安進軍。一路燒殺劫掠，火光連未央宮都看得見。王莽再派留在中央的最親信官員領軍鎮守要地。

王莽自己每天抱著孺子嬰到城郊宗廟祈禱，朝會時仍以周公自況：「從前成王年幼，周公攝政，也有管叔、蔡叔叛變。古聖人尚且有此憂懼，何況我如此渺小！」馬屁集團則眾口一辭：「不經過如此一場大變局，不能彰顯你的聖德！」

最後，兩路叛軍都不堪一擊，亂事先後平定。王莽下令挖開翟方進的墳墓，更包括他們祖先的墳墓，將棺材全數焚燬。屠翟姓三族，連幼兒都不能倖免，男女老少所有屍體堆進一個大坑，用荊棘跟五毒（蠍子、蜈蚣、蛇、馬蜂、蟾蜍）摻雜，一齊埋葬。追緝餘黨的行動持續不停，有一位王孫慶在逃亡七年後被捕獲，王莽下令御醫與刀工好的廚師一同下手，將王孫慶開膛破肚，挖出五臟，研究它們的構造和位置，還用竹籤插入血管，探求脈搏終始……。

平定叛軍，並殘忍報復之後，王莽對自己的信心陡然提高，於是決定對漢室施予最後一擊。

28、篡漢立新

王莽起初是暗中派人，遠自邊疆少數民族開始，製造神蹟、祥瑞，後來馬屁集團也開始製造祥瑞。久而久之，王莽被這些玩意兒沖昏了腦袋，不但自己相信，還會憑著自己的想像力，加以渲染。

齊郡（山東省臨淄縣）冒出一口新井、巴郡（重慶市）發現一頭石牛，扶風、雍城（陝西省鳳翔縣）發現仙石。王莽下令將石牛與仙石運到長安（可惜井不能搬移）。

王莽向太皇太后奏報時，自己添加了很多料：

「廣饒侯劉京上書說：『七月間，齊郡臨淄縣有位亭長，某天夜裡連續在夢中聽見一個聲音：「我，是天公派來的使節，天公要我告訴你，攝皇帝應當成為真皇帝，如果你不信，你的驛站中將會冒出一口新井。」隔天早晨，亭長巡視驛站，果然地上冒出一口新井，且深達百尺。』

「十一月冬至那一天，巴郡發現石牛；六天後，雍城又發現仙石。我下令將它們送來長安，放在未央宮前殿。我跟安陽侯王舜一同檢視，忽然刮起怪風，塵土飛揚，天昏地暗，風停以後，石頭前面出現一塊銅牌，上面有文字畫，寫的是『天帝符信，呈獻者應封侯』。

「臣王莽不敢接受如此天賜（真皇帝），只請求在祭祀與奏報太皇太后時，稱『假皇帝』，號令天下時，就不再稱『攝』。因此，今年的年號應由『居攝三年』，改為『始初元年』。」

【原典精華】

廣饒侯劉京上書言：『七月中，齊郡臨淄縣昌興亭長辛當一暮數夢，曰：「吾，天公使也。天公使我告亭長：『攝皇帝當為真。』即不信我，此亭中當有新井。」亭長晨起視亭中，誠有新井，入地且百尺。』十一月，壬子，直建冬至，巴郡石牛，戊午，雍石文，皆到于未央宮之前殿。臣與太保安陽侯舜等視，天風起，塵冥①，風止，得銅符帛圖於石前，文曰：『天告帝符，獻者封侯。』

——《資治通鑑．漢紀二十八》

自稱「假皇帝」與「稱制不稱攝」，其實之前已經實施，可是改年號，意義卻大不一樣。馬屁集團揣摩王莽的意思，紛紛上書，提出各種理論與方法，希望幫王莽「解套」——拿掉那個「攝、假」的外套。

馬屁冠軍由一位名叫哀章的士人贏得：他製作了一個銅櫃（金匱），裡面放了兩張信箋，一張畫著「天帝行璽金匱圖」，另一張寫「赤帝璽某傳予皇」。赤帝就是劉邦（當年斬蛇起義，有「赤帝子殺白帝子」神話），「某」是避高祖的名諱（不能稱「邦」）。信上明言：王莽應即位為真天子，太皇太后應遵守天命。圖上更畫了王莽跟他的親信八人，還有另外兩人跟哀章自己共十一人，都加上了官爵頭銜。

金匱製作完成，哀章將它送到高廟（漢高祖劉邦的祭廟），交給高廟僕射（祭廟主管），僕射上奏此事，王莽親自到高廟向金匱叩拜，然後戴上王冠進謁太后。回到未央宮，登上前殿，發布文告：「今天開始，奉天帝與高帝之命繼承大統，並改國號為『新』，明年的年號定為『始建國元年』。」

西漢帝國就此結束，可是，「新朝」擁有天命是王莽自己說的，長安城內沒人敢違抗，新朝的政令如何可以行於天下呢？還得解決一個技術問題。

①冥：同「暝」。塵冥：塵土飛揚，遮得太陽無光。

29、崩角的玉璽

王莽從假皇帝變成真皇帝毫無阻礙，可是，真皇帝還得能號令天下，才是「真」的。在制度已完備的漢帝國，詔書得蓋上玉璽才有效，才能號令天下。

漢朝皇帝的玉璽仍然是當初秦王嬴子嬰向劉邦投降時獻出的那一顆，相傳是和氏璧雕刻而成的「皇帝之璽」。漢哀帝去世時，太皇太后王政君衝進未央宮收取了玉璽，就一直留在她居住的長樂宮中。王莽即位之前，向王政君索取玉璽，王政君拒絕。王莽即位後，乃派了一位王政君平素最喜歡的安陽侯王舜去做說服工作。

王政君曉得王舜的來意，破口大罵：「你們這些人，全家族都是因為漢家的恩典，累積了幾代的富貴，不但不想到報答，反而不顧恩義，利用人家託孤寄子的機會，竊奪政權。這種人，死了連狗跟豬都不願吃他的屍體，天底下怎麼會有你們兄弟這種東西！」——老太太似乎忘了，她罵的正是王家外戚，全都是她的侄兒、侄孫，而且全都是因為她，姓王的才得享盡富貴，她此時卻認為自己是唯一守護劉姓皇室的人。

喘口氣繼續罵：「王莽既然認為金匱符命可以讓他當新朝皇帝，改正朔（曆法）、改服制，就該自己刻個玉璽傳之萬世，非要這個亡國的不祥之物幹嘛！我是漢家的一個老寡婦，隨時可以死，死了還打算拿這顆玉璽陪葬，你們就甭想了！」王政君說得一把眼淚、一把鼻涕，左右侍從都跟著落淚。王舜也沒招，只能跪著陪姑媽落淚，還悲慟不能自止。

長樂宮中大夥兒哭了好久，都哭累了，王舜這才抬起頭，對王政君說：「我已經沒話可說，然而王莽他可是非要到傳國玉璽不可的，太后難道有辦法一直不給嗎？」

王莽一定知道，王舜就是有這麼一套讓王政君軟化的功夫，才派他去當說客。此刻王政君已經明白，事情不可能改變，若王舜無功而返，下一步將是以武力強索。於是取出傳國玉璽，扔到地上，對王舜說：「我老了，就快死了，看不到你們兄弟全族被屠滅了！」

【原典精華】

及莽即位，請璽，太后不肯授莽。莽使安陽侯舜諭指。舜素謹敕，太后雅①愛信之。舜既見太后，太后知其為莽求璽，怒罵之曰：「而屬②父子宗族，蒙漢家力，富貴累世，既無以報，受人孤寄，乘便利時奪取其國，不復顧恩義。人如此者，狗豬不食其餘③，天下豈有而兄弟邪！且若自以金匱符命為新皇帝，變更正朔、服制，亦當自更④作璽，傳之萬世，何用此亡國不祥璽為，而欲求之！我漢家老寡婦，旦暮且死，欲與此璽俱葬，終不可得！」太后因涕泣而言，旁側長御以下皆垂涕。

舜亦悲不能自止，良久，乃仰謂太后：「臣等已無可言者。莽必欲得傳國璽，太后寧能終不與邪！」

太后聞舜語切，恐莽欲脅之，乃出漢傳國璽投之地，以授舜曰：「我老已死，知而兄弟今族滅也！」

——《資治通鑑．漢紀二十八》

王舜帶著玉璽去向王莽覆命，玉璽砸崩了一個角，王莽派人用黃金將它修補完整。於是，新朝乃有蓋上玉璽的詔書，可以發布政令，而王莽也著實推出了很多改革政策。

①雅：非常。
②而：同「爾」。而屬：你們這一夥。
③餘：此處做「死後的剩餘」解，也就是屍體。
④更：讀音「庚」，用法如「變更」的更。

30、新朝行古制

歷史上改朝換代，第一件事情就是改「正朔」，也就是頒布新曆。王莽登極之後，首先宣布廢除漢的曆法，回到秦的曆法。然後在新曆的元旦當天，率領文武百官，向太皇太后王政君呈獻玉璽。花了好大功夫才硬搶到手的玉璽，這下卻又獻了回去，只為演出一幕「禪讓天下」：由身不由己的太皇太后宣布，遵從「符命」（當時流行的天命預言書），從此除去漢朝稱號。

接著演出「貓哭耗子」：新朝皇帝王莽詔封孺子嬰「定安公」，采邑六個縣、一萬戶、土地一百平方里，封國內建立歷代祖先祭廟，准用故漢朝曆法。然後，王莽握著孺子嬰的小手（五歲），流涕歔欷，說：「從前周公攝政，最終將王位歸還幼主；我卻受迫於天命，不能如願！」哀嘆良久。再由中傅牽著孺子嬰的小手，走下金殿，向北叩頭，稱「臣」——在場觀禮的文武百官莫不感動。（誰敢「不感動」？）

【原典精華】

讀策畢，莽親執孺子手，流涕歔欷，曰：「昔周公攝位，終得復子明辟①；今予獨迫皇天威命，不得如意！」哀嘆良久。中傅②將孺子下殿，北面而稱臣。百僚陪位，莫不感動。

——《資治通鑑‧漢紀二十九》

演完上述兩場，王莽宣布：王姓的「初祖」是黃帝，「始祖」是舜，天下「五姓」（姚、媯、陳、田、王）都是皇族。他是舜的後代，所以「受禪」有其正當性。

王莽又大封諸侯，共計一萬個封國，將周公比了下去（周朝最多時才一千八百諸侯）。而新帝國的官制多抄襲《尚書》，也就是西周的官名：三孤、羲和（後改納言）、作士、秩宗、典樂、共工、予虞等，又設二十七大夫、八十一元士、六監。地方官也改官名，郡太守改大尹、都尉改大尉、縣令改宰。

這些官名的更改，其實沒有改革政府的組織功能，純粹只是為了滿足王莽的崇古心理，徒然增加了老百姓的困擾。

然而，王莽內心始終存在一個揮之不去的陰影：他是篡位而當上皇帝，擔心劉氏會復辟。「劉」字拆開為「卯、金、刀」，於是王莽下詔：「禁止佩帶『正月剛卯』，禁止使用金幣、刀幣。」

剛卯，是一種佩飾，有金質、木質、玉質，長三寸、寬一寸，每年正月卯日做成，上刻「正月剛卯」。

當時通行的貨幣包括「錯刀」幣（以黃金鑄成刀形，一刀值五千錢）、「契刀」幣（以鐵鑄成刀形，一刀值五百錢），以及最普及的五銖錢，於是一下子全面禁止。另外鑄一種小錢（一銖），與從前發行的「大錢五十」兩種並行。

廢掉舊幣，新鑄「寶幣」六種：金、銀、龜、貝、錢、布，都是古時候的貨幣名稱，以滿足王莽的復古欲。其中「錢幣」分六種幣值、「銀幣」分兩種、「龜幣」分四種、貝幣分五種、布幣分十種。這下子，新朝的貨幣有五種材料、六種名稱、二十八種幣值。紊亂的幣制，使得人民混淆不清，交易糾紛不絕，經濟活動為之瀕臨窒息。

①辟：音「必」，君權。用法如辟疆（國土）、辟書（徵召文書）。
②中傅：官名，中央與王國稱「太傅」，侯國稱中傅。

老百姓不愛用「新」錢，於是新朝政府下令：只保留「小錢值一」與「大錢五十」，龜、貝、布幣全部禁用。然而，民間盜鑄之風盛行而不可禁，為了防止人民盜鑄，下令禁止挾帶銅、炭。王莽更下令加重刑罰：一家盜鑄，五家連坐，六家人口全部被政府沒收，男為奴，女為婢。小吏或小民出門旅行時帶錢，數目多少都要登記在通行證上面，通行證上沒有註明的，旅舍不許收留，關卡與渡頭予以扣留。甚至公卿入宮殿門也要拿這種文件，以向天下展示其重視的程度。

人民為此怨聲載道，懷念漢朝的五銖錢，主要原因除了新幣制紊亂、大小不易分辨之外，更在於它不斷在變，完全喪失公信力。因此，民間交易私下仍通用五銖錢。謠言說，「大錢即將廢止」，所以人民多不願持有。

王莽這下惱了，下令：凡是持有五銖錢，造謠大錢要廢除的人，放逐到四方邊外。如此嚴刑峻法，可想而知的，被指控犯法者，上自封國諸侯、卿大夫，下至庶民，入獄者不計其數。其結果是農民失去田地、商人無法營業、金融全面崩潰形同罷市，人民輾轉流離，不知所之，坐在道路邊哭泣。

王莽又「革新」土地制度：天下土地一律收歸國有，改稱「王田」，一家人丁不超過八口，而田地超過一井（九百畝）的，應自動將田地分給族人與鄰居。原本沒有田地的，則授與田地。

這項土地改革，在王莽而言，是恢復周公制訂的井田制度，可是對人民大眾而言，卻是土地全面被充公。這項錯誤的改革政策，違背了人類文明進步的最大動力——私有財產制，很快就嘗到了苦果。

31、空話治河

王莽在中國歷史中創造了一個特例：不用「槍桿子裡出政權」，而能完成改朝換代。一個重要原因是，西漢後期昏君輩出，外戚與宦官大演宮廷鬥爭，搞得朝政日非，而人民的苦痛卻不加理會。王莽是個「不一樣的外戚」，他禮賢下士，言必稱古聖賢，因而讓人寄予期待。

然而，王莽最終是自己搞垮了自己，他是怎麼搞的？有一個最好的例子說明，王莽何以得手，又何以搞垮——治河。

漢武帝時，黃河開始潰決釀災，當時沒有任何經驗可循。武帝不愧為一世雄主，曾一次發動數萬軍民，防堵潰決——治河如作戰。

可是，黃河的水患持續升高，大漢帝國的國力卻江河日下。

到了漢成帝時，有一年，黃河上游連降十餘天大雨，造成關中地區潰堤，地方官上奏，建議疏浚一條新近淤塞的屯氏河。

成帝將奏章交付丞相、御史大夫處理，派了一位「博士」去現場勘察，結論是「政府財政不佳，暫時不必動工」。結果，三年後造成更大氾濫，淹沒了四郡三十二縣十五萬頃耕地。為此，御史大夫尹忠擔下責任，自殺。

又過了四年，黃河下游發生決口，淹沒三十一縣，毀壞官衙與民舍四萬餘間。

一位官員李尋上書：「參與討論治河的官員，總是尋求找到古代『九河』故道（也就是大禹「導九川、注四海」的遺跡），得以疏浚治河，可是一直找不到。現在正好趁這個機會，放任它潰決，看水勢往哪個方向，就可以找到古代河床了。然後順應『天心』，加以整治，就一定可以成功，這個方法既省錢又省人工。」

如此餿主意，居然被漢成帝採納了，停止所有築堤工程！政府官員一再奏報百姓哀苦，成帝只派人前往災區賑濟、安頓災民。

【原典精華】

勃海、清河、信都河水湓溢①，灌縣、邑三十一，敗官亭、民舍四萬餘所。

平陵李尋奏言：「議者常欲求索②九河故迹而穿之。今因其自決，可且勿塞，以觀水勢；河欲居之，當稍自成川，跳出沙土。然後順天心③而圖之，必有成功，而用財力寡。」

於是遂止不塞。朝臣數言百姓可哀，上遣使者處業振贍④之。

——《資治通鑑．漢紀二十三》

黃河一旦潰堤，動輒三十個縣，以當時平均一縣五萬人計算，就有一百五十萬災民。十五萬頃土地不能耕作，坐等洪水退去，那得多少時間？假設它三個月吧，政府賑濟一百五十萬人三個月，對國庫又會造成多大傷害？

到了漢哀帝時，地震、水災頻仍，由於災區都在關東（函谷關以東，今河南、河北、山東），所以朝廷不關痛癢。

負責治河的官員騎都尉平當上奏：「古代的九河已全部堙滅，黃河在魏郡（今河南省臨漳縣）東邊決口，洪水四流，軌跡並不分明。人民不可欺騙，請陛下廣為徵求有治理河水能力的人員。」

待詔賈讓奏稱：「治河有上、中、下三策。……地有河川，好比人之有口；用土石去阻塞河流，好比為了不讓孩子哭啼，而去塞住他的嘴巴，雖然立即止住了哭聲，孩子卻也窒息而死了。所以說：優秀的水利工程師，必定是疏導河流；高明的政治家，必定讓民意有宣洩管道。」

賈讓提出的上策是：將冀州（今河北省南部）容易淹水地區的人民全部遷徙，然後在黎陽（今河南省濬縣）遮害亭決開堤防，讓河水向北潰決，改道流入渤海。因為黃河西受太行山脈限制，東受金堤（黎陽段）阻攔，氾濫區不會大到無法控制，大約一個月就能穩定。

他認為，大漢帝國幅員萬里見方，難道還跟黃河爭那咫尺之地？如果採用這個方案，黃河穩定，人民安居，千年不再為患。

不與河爭地，合乎今天的保育觀念。而不再年年花錢修堤堵塞、賑濟災民，也是一種長遠想法。可是，要遷徙數百萬人，讓他們離鄉背井，可不可行呢？這個問題沒有答案，因為當時政府沒錢，災區又距京師遙遠，奏章就擱下了。

---

①溢：音「盆」。溢溢：水湧出流動的樣子。
②求索：尋找。
③順天心：意指「順著大自然」。
④處：安置。業：發給民生必需品。振贍：賑濟。

就這樣，人民的苦痛無人理會，當時一位諫大夫鮑宣上書哀帝：「今之人民有『七亡七死』。面對七亡，卻看不到一項德政，要想國家安定，難矣；面對七死，卻沒有一條生路，要想人民不觸犯法網，難矣！」

人民當時寄期望於王莽，於是王莽攫取了整個帝國。可是，王莽又如何治河呢？

王莽為了展現「新政府關心民生疾苦」，所以廣徵有本事治河的人才，人數以百計算，理論上，如此規模應該可以蒐集到很多不同的意見，提出各種不同角度的治河方法。

長水校尉關並主張：「古時候大禹治水時，特別空出一大片土地，以之為洩洪區。水大時形成湖泊，水小時自然乾涸。秦漢以來的歷次水患，黃河決口的地點，相距不過一百八十里。我建議將這一帶騰空，不做官舍、民房使用。」

御史韓牧認為：「應該找到大禹時『九河』故道，將之開通入海，即使不能開出九河，有個四、五條也好。」

大司空掾王橫說：「今天的黃河已非大禹時的故河道，我建議遷移平地人民，開鑿決口，引河水沿西山（太行山）流，居高臨下，向東北注入渤海。」

以上意見，簡單說，都是「參考古籍」的說法，純粹是投王莽所好（復古），完全沒有可行性。

最高段的是司空掾桓譚，他不提專業主張，卻大話做結論：「這些建議中，一定有一個是對的，只要詳細考察，便可以發現。計畫既定，然後行動，費用不過數億萬，還可以解決無業游民的工作問題。與其讓他們游手好閒，不如讓他們參與治河工程，反正同樣耗費衣食，由地方政府提供他們衣食，一舉兩得。這樁偉大的治河工程，上可以繼承大禹功業，下可以為人民解除苦痛。」

結果呢？空話講完就算了，王莽完全沒有實際作為，而人民對王莽的幻想，也隨之破滅！

32、惹翻匈奴

王莽承襲了漢帝國的全部基業，文官制度齊備，內部統治沒問題，外部則四夷賓服。雖然內政、經濟都存在問題，只要不亂整，大可以維持一個平穩局面。

然而，謊話說多了，說謊的人最後總是「說服」自己，認為自己真的是天命所歸，兆民所賴。

王莽就是最佳例子。他以假仁假義沽名釣譽，再製造各種假的神蹟、祥瑞，藉「天命」得到政權。那些原本都是用來欺騙天下人的，可是一旦坐上龍椅，王莽深信不移：自己真的是聖明蓋世，德配天地。因此，眼前這小小的漢家格局，怎麼配得上新朝大皇帝！

帝國要「升等」，唯一的方法就是貶抑鄰國。王莽為了要向天下人宣布新朝取代漢朝，派出十二名五威將，每一「將」率領前後左右中五路「帥」，共十二路五威將帥前往各郡國宣達。完成國內任務後，再前往匈奴、西域及其他四方藩屬。

五威將王駿抵達匈奴，致送金帛厚禮，說明新朝已取代漢朝，表明前來更換單于印信。之前漢朝給的印文是「匈奴單于璽」，新朝給的是「新匈奴單于章」。新印信交給當時的單于欒提知，同時要求收回舊印。

單于拜謝，接受詔書。翻譯官上前準備解開單于臂上的印紱（紐帶），單于也坦然抬起手臂，方便他動作。

這時，單于身邊的左姑夕侯欒提蘇，一旁提醒：「沒看到新的印文，不宜交出舊印。」單于聞言，就收回手臂，不讓翻譯官解開紐帶。只請新朝使節上坐，斟酒祝福新皇帝。

王駿喝了酒，又說：「現在該繳回舊印了。」單于說：「對。」再抬起手臂，讓翻譯官解帶。欒提蘇又說：「還沒看到印文喔。」單于說：「沒關係啦，印文又不會變。」於是將印紱解開，交給五威將王駿，王駿乃將新印交給單于。新印包在布包中，沒有打開審視。就此賓主把酒言歡，喝到半夜，才盡歡而散。

宴罷回到賓館，五威將的右帥陳饒說：「剛才姑夕侯已經起了疑心，單于差一點就不肯交出。等他們一有時間，就會發現印文有變，而要求發回舊印，這不是憑口才可以呼攏過去的。如果都已經到手了又失去，不如將舊印擊碎，讓他死了這條心。」

王駿與其他幾位「帥」還有點猶豫，陳饒抄起一把斧頭，一傢伙敲碎了那顆舊印。

【原典精華】

及五威將王駿等六人至匈奴，重遺①單于金帛，諭曉以受命代漢狀，因易單于故印。故印文曰「匈奴單于璽」，莽更曰「新匈奴單于章」。將率②既至，授單于印紱③，詔令上④故印紱。單于再拜受詔。譯前，欲解取故印紱，單于舉掖授之。

左姑夕侯蘇從旁謂單于曰：「未見新印文，宜且勿與。」單于止，不肯與。請使者坐穹廬⑤，單于欲前為壽⑥。五威將曰：「故印紱當以時上。」單于曰：「諾。」復舉掖授譯，蘇復曰：「未見印文，且勿與。」單于曰：「印文何由變更！」遂解故印紱奉上將帥，受著新紱，不解視印。飲食至夜，乃罷。

右帥陳饒謂諸將帥曰：「鄉⑦者姑夕侯疑印文，幾令單于不與人。如令視印，見其變改，必求故印，此非辭說所能距也。既得而復失之，辱命莫大焉！不如椎破故印以絕禍根。」將帥猶與⑧，莫有應者。饒，燕士，果悍⑨，即引斧椎壞之。

——《資治通鑑．漢紀二十九》

果然，隔天單于就派右骨都侯欒提當前來，說：「漢朝給我們單于的印信是『璽』，不是『章』，而且舊印印文並沒有冠一個『漢』字。朝廷給諸王、侯的才是章，也冠上『漢』。如今印文去『璽』加『新』，單于就跟漢朝的臣下無以分別。單于說，我們還是用舊印好了。」

五威將帥拿出碎掉的舊印說：「舊印業已銷毀，現在是這副德性。」欒提當回去覆命，單于當時貪圖新王朝豐厚的禮物，就派老弟右賢王欒提輿為特使，前往長安致謝，同時上書請求換回印信。

王莽當然不會發給「璽」，欒提知也當然非常不滿，派大將在朔方（今內蒙）郡的塞外構築工事，預備跟新朝開戰。而王莽也想藉爭伐匈奴以立威，展現他足以跟漢武帝、宣帝相比擬。

①遺：讀音「位」，贈送。
②率：讀音「帥」，同義。
③紱：音「福」，繫包印璽的布帛。
④上：繳。
⑤穹：音「瓊」。穹廬：大型蒙古包。
⑥壽：敬酒。
⑦鼏：音「嚮」，同義。
⑧猶與：猶豫。
⑨果：果決。悍，剽悍。

偏巧，西域這時發生了一件大事。

一直以來，漢朝使節來往西域，對沿途各小國是很大負擔。車師國王須置離為這次五威將送往迎來的龐大開支而頭痛，甚至想要拋棄王位，逃奔匈奴。西域都護但欽獲知此事，將須置離召來，誅殺。須置離的老哥狐蘭支，帶著二千多部眾逃奔匈奴。匈奴單于欒提知接納他們，並派出軍隊，與車師軍隊一同反攻，擊斬但欽派出的將領，然後撤退。

漢政府派駐西域的屯田部隊司令官戊己校尉刁護當時正患病，屬下兩名副手陳良、終帶與幾位重要幕僚一同商議：「國內改朝換代，西域各國陸續背叛，而匈奴不斷侵襲，我們的處境怕是死路一條。」於是發動兵變，殺了刁護跟他的兒子、兄弟，裹脅所有官員及眷屬，約二千餘人，陳良、終帶自稱「前漢大將軍」，投降匈奴。

西域都護但欽上書，說匈奴將入寇（其實是以此恐嚇朝廷，派大軍來保護他）。王莽正想展現「新」朝國威，於是將匈奴單于改稱「降奴服于」，下詔討伐。派立國將軍孫建率領十二位將領，分六道出塞。

王莽下詔，徵召天下囚犯、壯丁，加上正規軍隊，號稱三十萬人。大軍出征，後勤動員不得了，三十萬人需要的軍服、皮襖、兵器、糧秣都得張羅。負責動員的官員乘著驛馬車，東西往來奔馳催促，動輒搬出軍法從事（違反者通常就是死刑）。

大軍往邊界郡縣集結，一俟集結整備完成，同時出動。戰略目標是：窮追猛打欒提知，一直將他驅逐到丁零（貝加爾湖附近）。然後將匈奴分割成十五個小汗國，以呼韓邪單于的子孫十五人為單于。

這個戰略應該說相當有謀，問題在於缺乏實力為後盾。兩位呼韓邪單于的子孫在匈奴已經沒有實力，收了王莽使節的金銀，非常樂意的前往長安，王莽封他們為「孝單于」、「順單于」。

欒提知接報大怒，說：「先單于（呼韓邪）受漢宣帝的恩，我們絕對不能辜負。可是今天那個自稱天子的傢伙（王莽），並不是宣帝子孫，憑什麼當皇帝？又憑什麼策立單于？」於是下令左右部都尉（匈奴東西兩大軍區司令官）不斷入塞襲擊。由於中國邊郡已久疏戰陣，不是匈奴對手，被虜掠人畜不可勝數，邊區一帶陷於荒涼。

新朝這邊，十二位將軍分六路在北方邊塞集結，可是將領根本不想出征，部隊數量極大，軍紀卻極差，軍官放縱士兵霸凌百姓。

王莽一再批駁將領主張不開戰的上書，派出五十名「綉衣執法」（類似二戰納粹「蓋世太保」）監督沿邊大郡。這些欽差逮到機會，大肆貪贓枉法，沿邊各州郡幾乎賄賂公行，人民受霸凌壓榨，怨聲沸騰。王莽下詔斥責：「從今以後，膽敢再犯者，立即逮捕，並公告姓名。」可是貪暴如故。

大軍集結不發，比出征的危害大很多：內地各郡拉夫催稅，苛刻慘急，人民為之拋棄家園，淪落為盜賊。邊郡人民已數代不見烽火，原本田園茂盛、牛馬遍野、人口滋繁，自王莽與匈奴開釁以來，數年之間，邊境一片荒涼，野外已可見到白骨。

同時間，匈奴內部也發生了變化。原本被王莽利誘到長安去的「孝單于」欒提咸逃回匈奴，而匈奴單于欒提知逝世。當權大臣須卜當是王昭君的大女婿，一向主張跟漢朝和親，他認為欒提咸跟王莽關係比較好，因而擁立欒提咸為單于。

欒提咸即位後，派人告訴新朝邊塞官員：「匈奴單于想要見和親侯。」

和親侯是誰？就是王昭君老哥的兒子王歙。

這對王莽而言，真是天上掉下來的「臺階」，急忙派王歙和弟弟王颯出使匈奴，祝賀新單于登基，賞賜黃金與絲織品。欒提咸則將之前投降匈奴的陳良、終帶逮捕，交給新朝使節。

雙方就此大和解了嗎？那可不。欒提咸的兒子欒提登（順單于）之前被王莽處死，因此欒提咸一面拿新朝的厚重禮物，一面仍不斷侵襲劫掠。因此，大軍仍駐紮在北方邊塞。

北方邊郡這時候已經殘破不堪，發生大饑饉，人民相互格殺，煮食對方屍體。史書只記載「緣邊大饑，人相食」七個字，字字重若千鈞，那根本已是人間煉獄。

33、自我感覺良好

新帝國在內憂（黃河）與外患（匈奴）夾擊之下，已經出現很大的危機，可是王莽本人自我感覺仍然很好，原因當然是馬屁文化。

王莽即位之前，為了營造全國安和樂利印象，示意各州郡呈報「全國一片昇平，商品價格童叟無欺，司法機關沒有訟案，監獄空無囚犯，鄉間縣城沒有盜賊，農村沒有挨餓的人，家給戶足，路不拾遺……」。一位「白目」官員公孫閎奏報民間災害貧苦，被彈劾「偽造災害消息，妒恨朝廷施政聖明，大逆不道」，斬首示眾。從此，朝廷百官個個學聰明了，變得只會拍馬，不敢直言。

前章所述，北方邊界各郡的慘狀，一位諫大夫如普視察邊塞回到長安，上書：「大軍久駐邊郡，士兵寒苦，郡縣無力供應，既然匈奴單于請和，宜趁此機會，下令復原。」

可是校尉韓威卻說：「以新王朝的雄威，要吞掉匈奴，就跟咀嚼跳蚤虱子一樣。願陛下賜我勇士五千人，不必攜帶糧秣，餓則吃敵人的肉，渴則飲敵人的血，橫行大漠！」

【原典精華】

諫大夫如普行邊兵還，言：「軍士久屯寒苦，邊郡無以相贍①。今單于新和，宜因是罷兵。」

校尉韓威進曰：「以新室之威而吞胡虜，無異口中蚤蝨。臣願得勇敢之士五千人，不齎②斗糧，飢食虜肉，渴飲其血，可以橫行！」

——《資治通鑑．漢紀二十九》

如此言論，獲得大大嘉勉，校尉立刻升官為將軍。可想而知，以後這種「鳥生魚湯」言論，就不絕於朝廷之上了。

另一幕堪稱馬屁文化的經典：

長安郊外的長平觀西側崩裂，泥土大量瀉入涇水，形成天然堤壩。涇水受阻，無法宣洩，在北岸決口，氾濫成災。這明明是災害，可是新朝大臣們卻一致向王莽祝賀：「這符合『河圖』（一本著名的預言書）所說『以土剋水』，正是匈奴將要覆亡的徵兆。」而王莽還真的信了這種「烏生魚湯」，指示邊防軍準備出擊。

會稽（今江蘇省蘇州市）、荊州（今湖北、河南交界）等地方爆發好幾起民變，王莽派出欽差大臣，帶著赦免詔令，前往「教化」他們。欽差們回京以後，有人奏稱：「盜匪解散後，旋即再度聚合，問他們原因，都說『法令太苛，無法謀生，辛苦所得不夠繳納捐稅。即使安分守己，仍不免於鄰居私鑄錢、攜帶銅鐵而連坐入獄。官吏貪污，逼人欲死』，人民窮途末路，才淪入草澤。」

所有據實奏報的都被免職，其他人見風轉舵，上奏：「刁民頑劣，應該通通誅殺。」或說：「這只是一時的變態現象，不久就會自然消失。」王莽大悅，這些人通通升官。

①贍：供給。
②齎：音「積」，攜帶。

34、人心思漢

說來諷刺，王莽時變民蠭起，原因卻是王莽「照顧民生」的政策！新朝政府設立羲和命士，督導五均（調節物價）、六筦（專賣業務）。政策想法是好的，可是基層執行官員卻都是各郡當地富賈。這些人與郡縣官吏勾結、做假帳，結果國庫並不能因此受益，老百姓反因觸犯這些專賣業務，最重可處死刑。但刑罰愈重，奸商與貪官結合得愈緊密，黎民百姓日子更不好過。納言馮常建議解除專賣獨占，王莽大怒，將他免職。

不止五均六筦，新政府的法令多如牛毛，而又繁瑣苛刻，人民動輒得咎。再加上繇役繁重，占走農人耕田的時間；水利不修，導致旱災；旱災之後，總是引起蝗災；監獄裡羈押的犯人長久不能結案；官吏貪暴，吃定小民。富者尚且不能自保，貧者更無以生存。於是，富者、貧者都「上山打游擊」，成了土匪——這就是前章描述的情境。

王莽篡漢立新第七年，民間傳言紛紛：有一條黃龍墜落到黃山宮（宮是道教廟宇，黃山宮位在今陝西省）中，跌死。消息傳開，老百姓奔相走告，前往觀看的超過一萬人。龍代表皇帝，黃又是皇帝的顏色，黃龍墜地而死，這個象徵意義太強了，像是「始皇帝死而地分」的複製版。王莽本人迷信這些東西，聽說這件事情，心裡大為不爽，下令逮捕圍觀者，追查謠言來源，卻查不出個所以然來。

隔年，發生大地震，剛好又碰上大雪成災。積雪最深的地方，厚達一丈，連最耐寒的植物，包括竹子、柏樹都被凍死。大司空王邑上書，以地震為理由，自請辭職。這是一記馬屁：高級官員為地震下臺，表示不是衝著皇帝來的。

王莽對王邑這個動作很欣賞，想要慰留他，可是地震卻是事實，又怎麼「化解」呢？

王莽在辭呈上批示：「大地有『震』、有『動』，震有害而動無害。《春秋》記載地震，沒說對國運有害。而《易經》〈繫辭〉只說『坤動（坤就是地），動靜配合得宜，萬物欣欣向榮』。」

【原典精華】

大司空王邑以地震乞骸骨，莽不許，曰：「夫地有動有震，震者有害，動者不害。《春秋》記地震，《易．繫》坤動，動靜辟翕①，萬物生焉。」
——《資治通鑑．漢紀三十》

王莽自以為君權神授，乃製造了一個神話：「我將與黃帝一樣，成仙升天。」這個神話一放出去，聽到的人都啞然失笑。

純神話沒有用，王莽再下詔：「黃帝當年平定天下，身兼大將軍，中央政府設大將，地方政府設大司馬。我接受符命當皇帝，也將做如此安排。」

於是設立五軍（前後左右中）大司馬，三十縣首長一律加大將軍、偏將軍、校尉等稱號。以為這樣一來，地方官成了「神兵」，就可以鎮壓變民。

如此態度對待民變與天象示警，結果當然是變本加厲：

臨淮人瓜田儀盤踞會稽郡長洲苑（今蘇州一帶），琅邪的呂母為子報仇，聚眾數千人，殺了海苗縣宰，乘船入海為盜，人數超過萬人。

荊州連年發生饑荒，人民進入山澤挖食野菜。人數愈來愈多，野菜數量有限，飢民為了野菜相互攻擊。新市（今湖北省京山縣）人王匡、王鳳出面為飢民排解糾紛，乃成為首領，擁眾數百人。附近的亡命客聞風來投，數月之間，集結七、八千人。飢民開始攻掠村莊聚落，盤踞綠林山，後來成為「綠林軍」。

山東泰山人樊崇聚集一萬餘人，會合附近的徐宣、謝祿、楊音，總共數萬人之眾，攻打莒城，未下，就在青州（山東省中部）、徐州（江蘇省北部）流竄，劫掠村莊，這一支後來稱為「赤眉」。

有一個方士郅惲，精通星象曆法，推算漢帝國必將復興，上書王莽，建議將政權歸還劉氏，以符合「天意」。王莽將他下獄，可是隔年遇到大赦，他又恢復自由了。於是，民間開始流傳：劉氏將再起。又一位術士王況，告訴魏成太守李焉：「漢室必將復興，姓李的將會當輔佐大臣。」還為李焉編了一本讖書（神秘預言的一種），後來被人告發，兩人都斬首——這些，都意味著人心思漢。

王莽對這種民間傳言極為厭惡，可是他卻又十分迷信。於是，他派出武裝軍人，到漢高祖劉邦的祭廟，用武器捶打牆壁、搗毀門窗，用桃木煮水，四處澆潑，又用沾污紅泥的皮鞭鞭打牆壁——破壞漢室劉姓的風水！此等行徑，看在王莽的親信、甚至親人眼裡，認為他的精神已經錯亂，於是漸漸離心離德。

①翕：音「係」，相合。動靜辟翕：動靜與君權相合。

35、眾叛親離

全國到處發生民變之時，一場狂風侵襲新朝首都長安，大風吹垮了未央宮王路堂（前殿），王莽為了「上應天象」，下詔廢太子：

「前些日子發生烈風雷雨折木毀屋的異象，我內心為之惶恐。自我檢討十天之後，終於想通了，原來都是名不正的緣故。太子王臨是弟弟，不應該凌駕哥哥王安之上。所以，現在立王安為新遷王，王臨為紀義陽王。」

說是為了天象，是為了名正言順，王莽廢太子其實另有隱情：王莽曾「臨幸」皇后宮中一名女侍原碧，而王臨入宮照顧失明的母親，也跟原碧私通。王莽略有耳聞，兩人擔心姦情敗露，乃密謀害死王莽。

王臨的妻子劉愔，是國師劉秀的女兒，對星象很有研究。她告訴王臨，皇宮中將有「白衣會」（喪事），王臨私心竊喜，認為「大事」可成。

可是王臨被王莽廢掉了太子之位，不許再進入皇宮，心中疑懼，就寫了一封信給母親，信中提及：「之前王宇、王獲都不滿三十歲就死了（被王莽「大義滅親」），我今年正好三十，深恐不知身死何所！」

王皇后目盲多年，信件必須念給她聽，念完就放在桌上。王莽下次來探視皇后時，看到了那封信，當場色變，懷疑王臨不懷好意。

等到王皇后去世，王莽不許王臨參加喪禮，並在下葬之後，逮捕原碧拷問。原碧坦承姦情及陰謀，王莽下令殺人滅口，屍體就埋在監獄某處，家人都不知所在。

王莽賜王臨毒藥，王臨不肯服毒，拔劍自殺。王莽下詔劉秀：「王臨不懂星象，都是你女兒起的頭。」於是劉愔也自殺。

過不久，另一位皇子王安也病死。王莽一下子失去了皇后與兩名皇子，陷入沒有子嗣的恐慌，乃將兩名私生子接來長安。

人民叛變，親人死亡，王莽這個「獨夫」卻還要逼得親信離心。

一位中央派去豫州查案的官員被變民軍虜獲，變民送他到縣城，毫髮無傷。這位官員回到長安，上書報告：「四方變民基本上都是因為活不下，才鋌而走險，雖然聚眾為盜，卻總希望年景好轉，仍可以回家耕田。因此，為數上萬，乃至數萬的變民集團，大都不攻擊城市。地方政府首長間有戰死者，但很多都不是死於變民之手，而是亂戰中死於己方部隊的互鬥。」

王莽看到那份報告，大怒，於是下書責備「七公」（四輔加三公）：「明查奸惡，捕殺盜賊是官吏的責任。可是現在卻不然，盜賊四起，結黨成群，劫掠驛車、虜掠政府官員。而官員居然還為盜匪脫罪，認為他們是『日子貧苦才當土匪』。你們七公應該嚴格督促卿大夫及地方官，好好照顧善良人民，加緊搜捕剿滅盜匪。如果不同心協力緝拿盜匪，而以『飢寒』搪塞，將立即逮捕下獄究辦。」

這下子，全體政府官員陷入恐懼，再也沒有人敢反映實情。可是王莽又不授權州郡得逕自發兵，各地變民情況遂失去控制。

36、赤眉軍

變民其實都是想等待時機好轉，再回家種田，可是卻一步步被逼上絕路。青州、徐州（古齊地，今山東一帶）的赤眉軍就是最明顯的例子。

翼平郡（今山東省諸城縣）太守田況，發動郡內十八歲以上丁壯四萬餘人，打開武庫，發給他們武器，一同宣誓保衛家園，將誓詞刻在石頭上。樊崇等變民集團聽說此事，乃不敢侵入郡界。

田況的動作是違反律令的，罪名是擅自動員軍隊。田況上書自我彈劾，王莽下詔責備：「朝廷未頒發虎符，而擅自發兵，有罪。然而，田況是因為有把握打勝仗才膽敢如此，暫且不交付軍法審判。」

後來，田況請求出境（超越郡界）擊賊，朝廷批准，所向皆捷。王莽下詔，命令田況兼任青、徐二州州牧。

田況上書說：「盜賊（變民）最初發生時，起因都是小狀況，基層小吏甚至伍保（村里守望隊）就可以處理。只因為地方政府漫不經心，縣欺瞞郡，郡欺瞞朝廷，百人說是十人，千人說是百人。朝廷因此低估事件的嚴重程度（其實是因為王莽不愛聽壞消息），遂至蔓延數州。到了情況不可收拾才派出大軍，使者四出追查究責，郡縣政府只能事奉巴結、應對塞責，供應酒食、奉獻金錢，以求不死，更無暇管理盜賊，也無心行政。而朝廷派出的將帥又不能身先士卒，一旦交戰就被盜賊打敗，官兵軍紀敗壞，士氣沮落，轉而傷害百姓。

「在此之前，有些變民幸蒙赦免，原本就要解散了，沒想到又受到攻擊，他們在恐懼之下，再逃入山谷，並相互轉告，以致已投降的又復作亂。十天之內，可以集結十餘萬人，這才是盜賊之所以愈剿愈多的原因！

「如今，一味派出將帥，郡縣負擔沉重，比應付盜賊還辛苦。請陛下召回派到各地的使者，讓郡縣得到休息。將青、徐二州的剿匪責任全權委交我田況，一定能夠平定。」

田況的奏章完全切中問題核心，但是，王莽面對如此幹才，卻突生狐疑之心，反而擔心他太強了。於是王莽派出使節，當著田況的面，「調升」田況為師尉大夫（大長安地區的一個郡長），使節即時接管田況兵權。

田況離職後，齊地情況愈發不可收拾。王莽派出中央大軍征剿，可是這些官兵卻不堪一擊。

在一次戰役中，政府軍司令官景尚被擊斃，王莽只好派出精銳軍隊，由一線將領擔任剿匪司令：太師王匡、更始將軍廉丹。

當初起義時，各股變民之間相互約定：「殺人抵命，傷人抵創。」變民集團中最尊貴的稱號是「三老」、「從事」、「卒史」等，都是縣政府以下的基層公務員頭銜，腦袋裡根本沒有「王、侯、將軍」等念頭——這跟秦末起義軍有著本質上的不同。易言之，原本毫無野心，只是吃不飽而為盜，現在開始產生質變。

聽說新政府的太師與將軍率領十餘萬精兵前來，擔心部眾與政府軍接戰時，難以辨識敵我，於是通令「將眉毛染成紅色」。從此，這一支變民就被稱為「赤眉」——有識別、有番號，那就是正式造反了。

另一方面，王匡與廉丹的十餘萬大軍，浩浩蕩蕩向東進發，軍紀敗壞，所過之處放縱士兵為所欲為。

關東地區人民發出哀號：「寧願碰到赤眉，不願碰上太師；碰上太師還可以活，碰上更始鐵定沒命！」

【原典精華】

匡、丹合將銳士十餘萬人，所過放縱。東方為之語曰：「寧逢赤眉，不逢太師；太師尚可，更始殺我。」

——《資治通鑑．漢紀三十》

這一支剿匪大軍由王匡擔任名義上的總司令，但實際上會打仗的是廉丹。王莽下詔給廉丹，催促出戰：「將軍身負國家重任，如果不肯投身戰場，實無以報國，無以盡責！」

廉丹是軍人世家，接詔惶恐。當天晚上，將詔書給幕僚馮衍看。馮衍也是軍人世家，趁機向廉丹建議觀望待變：「新朝建立，天下英雄豪傑沒有人服氣。如今全國大亂、農村經濟崩潰，人民思念漢朝的美好日子，超過周人懷念召公。我為將軍計算，最好是將部隊駐紮到一個富饒的大郡，糧食、土地、兵源都充足，在那裡訓練砥礪，招納天下英雄豪傑，徵求各方智慧謀略，為國家謀利，為人民除害。那樣，將軍的功業與福祿將永垂青史。何必帶領軍隊，一同在戰場上覆滅，屍體與草木同朽，也讓祖先蒙羞呢！」廉丹沒有接受。

大軍首戰得勝，攻下打著赤眉旗號的一個縣，殺一萬餘人。王莽派使者赴前線慰勞，晉封王匡與廉丹為公爵，另外封有功將領十餘人。

王匡主張乘勝追擊，再進攻梁郡（河南商丘）。那裡有赤眉軍數萬人，廉丹認為大軍應休養一段時間，但王匡不聽，獨自領軍挺進，廉丹只好跟上。

兩軍在成昌會戰，政府軍大敗，王匡逃走。廉丹派人將更始將軍的印、紱、節都送去給王匡，嘆息說：「小孩子可以逃命，我不可以。」再投入戰場，結果戰死。部下校尉汝雲、王隆等二十餘人在酣戰中得到消息，說：「廉公死了，我們還為誰活著？」衝入敵陣，全部犧牲。

這一仗打完，新政府對變民已不復再有「征剿」的架勢，改為守勢，而赤眉則成為變民軍當中最大一股。

37、劉縯起兵

早在王莽攝政時期，民間就流傳一段圖讖文字：劉秀發兵捕不道，四夷雲集龍鬥野，四七之際火為主。這一段讓人完全看不懂的文字，卻在後來「人心思漢」氣氛中，轉化成「劉秀當為天子」的傳言。

因為這個傳言，居然有一個人為此改名：王莽的國師劉歆。這劉歆是位大學者，「九流十家」就是他分類的。

劉歆非常相信陰陽家那一套，因而改名為劉秀。而一個臣子做如此動作，其實是一種「不臣之心」，是可以殺頭的罪名，但王莽沒有追究他這件事。這位改名的劉秀事實上也沒有造反，可是另一位劉秀卻造反了。

南陽（今湖北、河南交界一帶）郡有一家劉姓三兄弟，劉縯、劉仲、劉秀。算起來是皇族的一支，父親劉欽早死，三兄弟由叔叔劉良撫養長大。

老大劉縯性格剛毅，野心勃勃。自從王莽篡漢之後，他便憤憤不平，懷抱復興漢室的大志。因而不事農耕生產，不惜變賣家產，傾心交結四方豪傑之士。

小弟劉秀相貌不凡，「隆準日角」（鼻頭高，額角突出），勤於農事。

大哥劉縯經常將小弟比做高祖的二哥劉喜，這又有典故：劉喜勤於耕種，劉太公（劉邦父親劉執嘉）常誇獎老二，而責備老三。後來劉邦當了皇帝，向太公敬酒，說：「您老人家以前老是怪我不事生產，不如二哥。如今，誰的產業比我更多？」也就是說，劉縯自比劉邦，有天下大志！

劉秀的姊姊劉元嫁給鄧晨，有一次，劉秀與姊夫鄧晨一塊兒去拜訪一位術士蔡少公。蔡少公對圖讖很有研究，說「劉秀會成為天子」，一旁有人接口：「難道是國師公劉秀嗎？」劉秀開玩笑的說：「你怎麼知道不是我呢？」在座眾人哄堂大笑，只有鄧晨私心竊喜，認為小舅子必有大成就。

【原典精華】

秀隆準日角，性勤稼穡；縯常非笑之，比於高祖兄仲①。

秀姊元為新野鄧晨妻，秀嘗與晨俱過穰人②蔡少公，少公頗學圖讖，言「劉秀當為天子」；或曰：「是國師公劉秀乎？」秀戲曰：「何用知非僕邪？」坐者皆大笑，晨心獨喜。

——《資治通鑑．漢紀三十》

宛城（也在南陽郡）有一位學者李守，也喜歡研究星象與圖讖，對他的兒子李通說：「劉氏將復興，李氏輔佐他。」後來變民集團紛起，成為革命軍隊，李通的堂弟李軼對李通說：「天下已亂，漢皇室將復興，南陽地區的劉姓皇族當中，只有劉伯升（劉縯字伯升）兄弟得到眾心，可以共謀大事。」

李通表示正有此意，剛好劉秀到宛城來賣米，李通派李軼去找到劉秀，接他到家裡款待，談讖文（劉秀當為天子）之事。雙方決定藉立秋騎兵校閱的日子，劫持南陽郡軍政首長，號令軍隊起義。

李軼與劉秀回去南陽招募義軍，劉縯將舂陵豪傑集合，對他們說：「王莽暴虐，百姓分崩離析，我們今天要高舉義幟，復興高祖的基業，建立萬世之功！」眾人轟然響應，於是各自回鄉號召群眾，在各縣起兵。

春陵子弟原本對「起義」非常害怕，說「伯升會害死我們」。及至看到劉秀也全副武裝出現，驚訝的說：「連這位老實人也敢革命呀！」這才人心大定，集結七、八千人，劉縯擔任司令，自稱「柱天都部」。由於這支軍隊是劉氏族為主力，被稱為「漢軍」。

①仲：老二。高祖兄仲：劉邦的二哥劉喜。
②禳：音「ㄖㄤˊ」，意同「禳」，祈禱。禳人：為人祈禱的術士。禳人當係專為田產祈禱之人。

38、更始皇帝

最早起兵，聚集在綠林（今湖北當陽）的那股變民，因為遭到瘟疫，死亡超過二萬五千人，將近全部人數的一半。變民原本就是因為活不下去而嘯聚山林，這下遭遇致死的流行病侵襲，被迫離開瘟疫地區，並分裂成兩路：一路向西移動，稱「下江兵」；一路向北移動，稱「新市兵」。他們的首領都稱「將軍」，顯示這一支變民軍已質變為起義軍，比山東那最大股（赤眉）有著革命的企圖心。

新市兵在往北移動途中，與另一支變民「平林兵」會合，進入南陽地區，正好是漢軍起義之時。劉縯派人去跟他們聯絡，一同攻擊長聚，並屠殺唐子全城。如此軍紀蕩然的雜牌軍，在第一次勝仗之後，就因分贓不均而內鬨，新市兵與平林兵鬧著要攻打漢軍。解決這個狀況的是劉秀，他將所有劫掠而來的財物，全部分給新市兵與平林兵，大家回嗔為喜，繼續向前挺進。

劉縯帶領聯軍與南陽郡的政府軍會戰，大霧瀰漫，漢軍大敗。劉秀單人孤馬逃走，遇到妹妹劉伯姬，帶她上馬，兩人共一騎逃命。後來又遇到姊姊劉元，劉秀催促她上馬，劉元說：「你們快逃吧，不必死在一塊兒！」說著，追兵已到，劉元與她的三個女兒都遭殺害，劉氏族人死了數十人，包括劉秀的二哥劉仲。

新市兵與平林兵見漢兵大敗，信心動搖，想要自戰場撤退。正在此時，下江兵五千餘人前來，劉縯帶著劉秀、李通去見他們的首領王常，分析「合則利，分則危」，王常頓悟「王莽殘虐，百姓思漢」，乃與劉縯相約結盟。

下江兵其他將領不服劉縯，王常說服他們：「我們都是平民老百姓，相聚在草澤，如果仗恃自己強壯勇敢，就縱情恣慾，必定自取滅亡。」於是下江兵加入漢軍，再會合新市兵與平林兵，軍容復振。聯軍休養三天後，分六路出擊，先偷襲獲取南陽郡政府軍的輜重（後勤補給），再大破南陽郡軍隊。然後挺進到宛城，與新政府派出的剿匪軍將領嚴尤、陳茂會戰，大勝。

至此，劉縯的漢軍已有十餘萬兵力，因而讓新市兵、平林兵感到威脅。於是，他們要推戴一個傀儡，以壓抑劉縯的鋒頭。可是礙著劉縯是漢室皇族，其他土匪不姓劉，難以得到眾人認同。

找來找去，平林兵中有一位「更始將軍」劉玄，與劉縯是劉姓皇族同一支的堂兄，於是新市兵與平林兵乃合謀擁戴劉玄，以制衡劉縯。

平林兵陳牧與新市兵王鳳「先講先贏」，劉縯只能故示大方，說：「青徐二州的赤眉已有數十萬人，如果他們也擁立一位劉姓皇族，則新朝未滅，劉姓宗室已經自己打了起來，將令天下人心不安。同時，我們現在的地盤不過三百里，稱帝舉動樹大招風，恐招致本地人民承受災難，不是好的策略。我建議先稱『王』，同樣可以號召人心，也有生殺大權。而若赤眉擁立的人比較賢能，我們去投奔他，也不會因而被取消爵位。如果赤眉不成氣候，我們滅了王莽、收拾赤眉，再稱帝不遲。」

劉縯的意見，多數將領贊同，只有新市兵將領張卯聽出不對，這分明是劉縯給劉玄「穿小鞋」，於是他拔劍擊地，說：「對前途持懷疑態度，怎麼會成功？今天的決定，不能有第二個想法！」這話也對，劉縯的說法是保留後路（事不成則投奔赤眉），不是革命團體應有的思考，於是大家一致贊成，擁戴劉玄稱帝。

淯水河畔沙灘上，堆起了一座高壇，劉玄在壇上即皇帝位，面向南方站立，接受群眾朝拜，國號為漢，年號用更始，史稱「玄漢」。可是這位新皇帝既緊張又羞愧，滿頭大汗，只有舉手示意的能力，口中卻講不出一句話來。他的表現令現場許多英雄豪傑失望，內心不服。

【原典精華】

……設壇場於淯水上沙中，玄即皇帝位，南面立，朝群臣，羞愧流汗，舉手不能言。……由是豪傑失望，多不服。

——《資治通鑑．漢紀三十一》

39、巨無霸

當初王莽發動十路大軍征伐匈奴時，曾下詔徵求天下奇技之士。當時有數以萬計的人上書：

有人宣稱渡水不用舟船，只要馬匹首尾相接，就可以運渡百萬雄師；有人宣稱不必攜帶糧秣，只吃藥就可以讓三軍都不會飢餓；甚至有人宣稱能夠飛翔，一日千里，可以偵察匈奴軍情。

王莽親自面試那位「飛人」。見他用大鳥的粗壯羽毛（翮）做成兩個翅膀，從頭到身粘滿羽毛，以環扣連接翅膀，結果還「飛」了幾百步才墜地。

王莽明知道這些貨色沒一個有用，但一來顧慮到面子問題，二來他還真的是很迷信，期待終有一天會遇到「神人」，為了不杜絕奇技之士的來路，於是下令賞賜他們車馬，等待出征。

【原典精華】

又博募有奇技術可以攻匈奴者，將待以不次之位，言便宜①者以萬數：或言能渡水不用舟楫，連馬接騎，濟②百萬師；或言不持斗糧，服食藥物，三軍不飢；或言能飛，一日千里，可窺③匈奴。莽輒試之，取大鳥翮為兩翼，頭與身皆著毛，通引環紐，飛數百步墮。莽知其不可用，苟欲獲其名，皆拜為理軍，賜以車馬，待發。

——《資治通鑑．漢紀三十》

這些奇技之士當中，有一名巨無霸，身高一丈，腰粗十圍（十人合抱），自稱生長在蓬萊東南方五城西北的「昭如海」畔（方士傳說中，海上仙山蓬萊有五城、十二樓）。小車載不下，三匹馬拉不動。睡覺頭枕戰鼓，吃飯以鐵棍為箸。地方官以四馬大車送他到長安，王莽下令，教他停在新豐待命。

①便宜：可行，用法如「便宜行事」。
②濟：渡過。
③窺：偵察。

【原典精華】

有奇士，長丈、大十圍，自謂巨毋霸，出於蓬萊東南五城西北昭如海瀕。軺車不能載，三馬不能勝。霸臥則枕鼓，以鐵箸食。

——《資治通鑑・漢紀三十》

征伐匈奴的大軍，事實上始終沒有出塞。如今全國變民蠭起，政府軍一再戰敗，王莽乃出動這支「壓箱底」王牌部隊，由司空王邑與司徒王尋領軍，六十三位精通兵法的參謀隨行，巨無霸擔任壘尉（營區司令），還帶了大量猛獸——虎、豹、犀、象等助威。大軍共四十三萬人，號稱百萬，旌旗、輜重、人馬千里不絕。與嚴尤、陳茂會合後，大軍壓向玄漢軍隊。

40、昆陽大捷

新朝大軍殺來，前線的玄漢變民軍不敢對抗，各自退兵，最後都退進了昆陽城（今河南葉縣）。昆陽城裡瀰漫著恐懼氣息，將領們掛念自己的妻兒老小，於是有人主張化整為零，各自散去，美其名曰「不讓敵人捕捉到主力」。

這個節骨眼上，唯一持反對意見的，只有劉秀一個。他說：「我們兵力既少，糧食更少，而敵人卻強大無比。如果合力禦敵，還有成功的機會，一旦散去，必定被逐一收拾。目前，宛城的軍隊還不能來救，萬一昆陽被拔，其他部隊將在一日之間被消滅殆盡。這是只能拚死守城的局面，想不到各位非但不能肝膽相照，誓死同心，反而只想到妻子兒女！」

諸將大怒，對著劉秀咆哮：「你怎麼敢說出這種話！」劉秀笑笑，起身離席。

劉秀才出去，探馬來報：「敵人大軍即將到達城北，連營數百里，看不見尾巴。」

那些剛才對劉秀大小聲的將領，面對緊急狀況，不知所措，只好再去請劉秀回來商量。

劉秀不慍不火，對著地圖分析情勢。諸將早沒了主意，只好說：「全聽你的。」

當時昆陽城中只有八、九千兵力，敵人號稱百萬。劉秀吩咐王鳳（新市兵）與王常（下江兵）守昆陽，自己與李軼等十三人，衝出南城，徵召附近變民軍來救。事實上，圍城軍隊已有十餘萬人，劉秀差一點無法突圍。

聞報被衝出十幾騎，王邑才下令「包圍昆陽」。嚴尤建議：「昆陽城小而堅固，守軍人數不必很多，攻城部隊卻不易成功。如今那個竊號稱帝的傢伙（指更始皇帝劉玄）不在這裡而在宛城。我們大軍攻向宛城，宛城解決了，昆陽自然平定。」

王邑說：「我率領百萬大軍，遇到第一個叛軍城池，如果打不下來，無以展現軍威。我要先攻下此城，屠殺全城，踏著敵人的鮮血前進，前鋒高歌，後部舞蹈，豈不快哉！」

【原典精華】

邑曰：「今將百萬之眾，遇城而不能下，非所以示威也。當先屠此城，蹀血①而進，前歌後舞，顧不快哉！」

——《資治通鑑．漢紀三十一》

王邑下令，對昆陽布下數十重包圍，營寨數以百計，鉦鼓之聲傳至數十里外。日以繼夜攻城，挖地道、衝撞城門，箭下如蝗、矢下如雨，城中守軍必須揹著門板才能汲水。

昆陽守軍統帥王鳳請求投降，可是王邑斷然拒絕（一心想要屠城），認為勝利就在眼前，對敵人毫不在意。

懂兵法的嚴尤提出警告：「孫子兵法說『圍師必闕』，應該留一個缺口，讓敗兵逃去，將恐怖帶去宛城。」可是王邑完全聽不進去。

不許投降，又逃不出去，昆陽守軍乃只有死守一途。另一方面，劉秀突圍後，在郾城、定陵一帶徵調所有可能徵調到的變民軍隊。有些將領貪惜掠奪來的財寶，想要保留兵力看守，劉秀對他們說：「這一次若能打敗敵人，等待我們享用的財寶何止萬倍？若被敵人打敗，人頭都沒了，要財寶有何用？」諸將被他說服，乃投入所有兵力。

各路變民軍馳援昆陽，劉秀親率一千兵力為前鋒，在距離王邑大軍四、五里的地方布陣。王邑派出數千人挑戰，劉秀領軍衝鋒，斬首數十級。

劉秀贏了第一回合，乘勝挺進。王邑軍隊陣腳鬆動，向後退卻，玄漢各路援軍趁勢攻

①蹀：音「跌」，踩踏。

擊，斬首數百、千人。這下子就像骨牌效應般，一連串小勝利累積成大戰果。玄漢軍諸將的膽氣因勝利而愈壯，莫不以一當百。

劉秀再領三千人組成敢死隊，沿著西城護城河，直衝王邑指揮部。王邑與王尋未將這支敵軍放在眼裡，自領一萬餘人，結陣以待；下令各營，不得允許，不得出動，想要親自收拾闖入包圍圈的敢死隊。

孰料，一經接觸，新軍無法抵擋漢軍，只好向後撤退。各營未奉命令，不敢增援。王邑、王尋陣腳大亂，漢軍衝垮了新軍陣腳，王尋在亂軍中被殺。

困守城內的玄漢軍將領望見，一個個都受到激勵，說：「劉秀平素遇到小撮敵人都會膽怯，如今遭逢強大敵人卻如此勇敢，真是奇怪。還敢親自帶隊衝鋒，我們不應該在城上觀戰，應該下去與他一同殺敵。」

於是，昆陽城內守軍開城殺出，前後夾擊，殺聲震天。王莽大軍譁然崩潰奔逃，人馬相互踐踏，百里內伏屍遍地。又恰遇風雲變色，巨雷狂風，屋瓦飛蕩，大雨傾盆而下，河水暴漲，新軍帶來的虎豹猛獸在木籠中戰慄，士卒淹死者上萬人。

王邑帶著嚴尤、陳茂，拋棄輜重，輕騎逃出，踏著士卒的屍體渡過河水，狼狽逃回洛陽。數十萬大軍潰散，散兵各自逃回各自郡縣，無法再作集結。

【原典精華】

秀乃與敢死者三千人，從城西水上衝中堅。尋、邑易①之，自將萬餘人行陣，敕諸營皆按部勿得動，獨迎與漢兵戰，不利，大軍不敢擅相救；尋、邑陣亂，漢兵乘銳崩之②，遂殺王尋。城內亦鼓譟而出，中外合勢，震呼動天地。莽兵大潰，走者相騰踐，伏尸百餘里。

會大雷、風，屋瓦皆飛，雨下如注，滍川盛溢，虎豹皆股戰③，士卒赴水溺死者以萬數，水為之不流。

——《資治通鑑．漢紀三十一》

這一場昆陽大戰，列入中國歷史上十大戰役之一。經此扭轉局面的一戰，各地義軍紛起，殺死州牧、郡守，自稱將軍，全都打著「漢」的旗號，等待玄漢政府的指令——這是「人心思漢」的最高潮時刻，王莽的新朝政令已出不了關中地區。

①易：輕敵。
②崩：崩潰。乘銳崩之：乘著勝利銳氣擊潰敵軍。
③戰：戰慄。股戰：（虎豹）四腿打抖。

41、更始殺劉縯

前線打了大勝仗，後方卻上演剷除異己。

更始皇帝劉玄是個傀儡，他身後的支持主力是新市兵與平林兵。新市兵首領王鳳在昆陽大戰中，見識到劉秀的不凡表現，卻未因此佩服劉秀，也毫不感激劉秀領頭打贏了這決定性的一仗，反而對劉氏兄弟的威名日盛更加嫉妒。就聯合平林兵首領陳牧等，陰謀指使劉玄除去劉縯兄弟。

劉秀感覺到氣氛詭異，對老哥劉縯說：「情形有點不對勁。」

劉縯有著江湖豪氣，笑著對弟弟說：「沒什麼，一向如此。」——基本上，劉縯瞧不起這些因為吃不飽才作亂的農夫。

有一次，更始皇帝大會諸將，教劉縯拿出他的寶劍，劉玄取過來觀看。這時，綉衣御史申屠建隨即向皇帝呈上玉玦，可是劉玄沒有動作。劉縯的舅舅樊宏對劉縯說：「申屠建是什麼意思？莫非是想扮演范增的角色嗎？」劉縯不回答。

【原典精華】

更始大會諸將，取縯寶劍視之。綉衣御史申屠建隨獻玉玦，更始不敢發。縯舅樊宏謂縯曰：「建得無有范增之意乎？」縯不應。

——《資治通鑑．漢紀三十一》

樊宏指的，是鴻門宴的故事：鴻門宴上，范增舉起玉玦，暗示項羽下手除去劉邦（玦是決斷的象徵）。申屠建的動作委實露骨，史書記載更始皇帝劉玄「不敢」行動，但也有可能是劉玄不明白獻玦的意思。

無論如何，玄漢帝國內部已經山雨欲來風滿樓，劉家軍與新市、平林兵之間，相互猜忌，隨時爆發。

更始帝任命劉家軍的將領劉稷為抗威將軍，劉稷拒絕，還說：「最初起兵是伯升（劉縯字伯升）兄弟，如今這個更始，當初是幹什麼的？」

劉玄不能忍受這種態度，就在一次閱兵場合上，逮捕劉稷，下令處死。劉縯當然力爭不可，這時劉縯的親信李軼（與劉秀在昆陽一同突圍的十三人之一）出賣老大，與新市兵將領朱鮪建議更始帝，一不做、二不休，連同劉縯一道逮捕，當天就殺了。

事情發生時，劉秀人在前線，聞訊奔回宛城請罪。劉縯舊屬齊集迎接劉秀（等待指示），劉秀不跟他們做言語上交談，只深深的鞠躬答禮。晉見更始帝，絕口不提昆陽大捷的功勞，也不為劉縯服喪，飲食、言語一如平常，兄喪只當沒事。

劉秀如此表現，令劉玄自覺慚愧，擢升劉秀為破虜大將軍，封武信侯。玄漢軍因而未發生內鬥火拼，仍然矛頭一致，指向王莽。

42、王莽惡貫滿盈

玄漢軍發出檄文，指控「王莽毒死漢平帝（劉箕子）」，高舉「興漢滅莽」的旗幟。由於人心思漢，這個政治號召深深打動人心。王莽為了表白，在未央宮王路堂召集百官，開啟金匱，取出當初平帝病危時，向天請命的那件文書，一面念，一面痛哭流涕，向百官表白。可是這一招已經無效。

「學周公」無效，王莽再使出另一招「有神助」：將白頭髮染黑，立了一位新的皇后，還新娶一百二十位姬妾。這些都是企圖引導人們聯想：「皇帝返老還童，莫非有神仙幫助他？」這招同樣無效。事實上，這一套曾經愚弄天下人的招數，現在通通騙不了人，只能騙到王莽自己。當然，王莽的親信們看得非常清楚，事已不可為，個個開始尋找後路。

一位術士西門君惠對衛將軍王涉說：「讖文中明白指出，劉氏將復興，而且名叫劉秀。」他指的，當然是原名劉歆，卻為了「上應天命」而改名的國師公劉秀（為免混淆，仍稱他劉歆）。

於是王涉乃與劉歆、大司馬董忠、司中大贅（宮廷禁衛軍副司令）孫伋結盟，陰謀劫持王莽，向玄漢帝國投降，以保全自己的家族。

可是孫伋不認為這兩個傢伙能夠成事，因而向王莽告密。王莽召見董忠詰問，當場格殺。教殿前虎賁衛士以斬馬劍將董忠剁成肉醬，逮捕他全族，全部誅殺，然後通通推進一個大坑，澆上醋酸、毒藥，以利刃、荊棘攪拌後埋葬。劉歆與王涉得到消息，兩人都自殺。

王涉是王根的兒子，王根是最初推薦王莽擔任大司馬的貴人；而劉歆，更是王莽頭號心腹；這件事對王莽實在是顏面無光，傳出去更有損領導威信，只好秘而不宣。

眾叛親離，王莽已經不敢相信任何人，當初篡漢立新時的雄心壯志，頓時蕩然無存，莫說無心考慮如何對付匈奴，連關中以外的州郡，都不再有心思。至此，王莽已陷入深度憂慮，自悲自憐加上惱羞成怒，使他食不下咽，成天飲酒澆愁，配一點鮑魚。精神稍好的時間，都用來讀兵書，疲倦了就靠著几案入睡，上床反而不成寐！

光「看」兵書無濟於戰事，前線惡耗不斷傳來，王莽憂懼交加，卻又束手無策。大司空崔發說：「古時候，國家發生重大災難，都以哭聲化解，我們應該以哭聲向上天哀告！」

王莽於是親率群臣，到長安南郊，向上天陳述符命本末，然後仰天大哭，哭得上氣不接下氣，再伏地叩頭。

王莽本人應該是真情宣洩，畢竟他承受了那麼多、那麼大的壓力。可是新朝的文武百官，還有動員來的儒生、老百姓，卻沒有不哭的自由：每天早晨、傍晚各聚集一次「會哭」，朝廷供應早餐與晚餐。哭得悲痛盡情者，就任命為郎官，那一陣子，郎官多達五千多人！

【原典精華】

崔發言：「古者國有大災，則哭以厭之①。宜告天以求救！」莽乃率群臣至南郊，陳其符命本末②，仰天大哭，氣盡，伏而叩頭。諸生小民旦夕會哭，為設餐粥；甚悲哀者，除以為郎，郎至五千餘人。

——《資治通鑑．漢紀三十一》

①《周禮》記載：國家有大災難時，由女巫一面唱、一面哭，向上天哀告。

②向上天陳述他受到符命當皇帝的經過。

哭天，當然是於事無補的，王莽還是得派出軍隊才行。先前的大軍已經覆沒，王莽做最後掙扎，一口氣任命了九位將軍，都以「虎」為號（如虎威將軍、虎奮將軍等），將北軍（西漢以來，京師衛戍最精銳的部隊）精兵數萬人交給他們，出發東征。但是又擔心他們倒戈，所以將他們的妻、子全部接到宮中，做為人質。

當時，宮廷所存黃金還有六十餘萬斤，另外還有大約等值的財物。可是王莽卻捨不得重金賞賜軍士，九虎將軍所屬，每人僅賞賜四千（約當四兩銀）。這使得軍隊怨氣沖天，毫無鬥志。

九虎大軍開到華陰東方的回谿，據險自守。面對的還不是玄漢大軍，而是一支關中地方的變民軍。首領鄧曄、于匡向官軍展開攻擊，九虎中六虎潰敗，其中二虎逃回長安請罪、自殺，另四虎逃得不知去向；還剩三虎收集殘兵敗將，退保長安郊外的京師倉。

這一仗打完，關中地區南方門戶（武關）大開。李松率領玄漢先鋒部隊三千人進入武關，與鄧曄會師，合攻京師倉，不能攻克。於是兵分二路，繞過京師倉，進逼長安城下。

王莽再做困獸之鬥，赦免監獄中的囚犯，發給他們武器，殺豬飲血，宣誓：「若有不為新朝賣力者，神鬼降罪。」由王莽的岳父更始將軍史諶領軍。這支罪犯志願軍呼吸到自由空氣，出了城，才過渭橋，即刻一哄而散，史諶空手而還。

【原典精華】

莽赦城中囚徒，皆授兵，殺豨①，飲其血，與誓曰：「有不為新室②者，社鬼記之！」使更始將軍史諶將之。渡渭橋，皆散走，諶空還。

——《資治通鑑．漢紀三十一》

變民軍攻入長安城，長安城中年輕人也加入變民軍，縱火焚燒工匠出入皇宮的便門，衝進未央宮。

王莽避火，一路逃到未央宮宣室前殿，他穿著紺（深青而泛赤）色衣服，手中拿著帝虞（舜）的匕首——當然是假的，因為帝舜為舊石器時代，不可能有金屬兵器。王莽手執山寨版古代神器騙自己，身旁還帶著天文郎（占卜官），為他找到了宮殿內最佳方位。王莽坐下，口中喃喃自語：「天命在我，漢兵能拿我怎樣？」（其實玄漢軍還在城外）

變民軍殺進宣室殿，群臣簇擁王莽逃到漸臺（水池中央的臺閣），此時還有一千多人

①豨：豬。飲豬血盟誓，不知是什麼儀式。
②新室：新朝皇室。

追隨。變民軍將漸臺密密包圍，臺中守軍的箭射完，變民軍衝入，雙方展開肉搏戰。最後，三公大臣全部被殺，王莽當然也不能倖免，變民一擁而上，將王莽的屍體割成了碎塊——為了要分功勞。

王莽的人頭被送到宛城，懸在街市示眾。老百姓恨死了王莽，用棍子擊打懸掛的人頭，還有人割了他的舌頭。恨哪！

43、劉秀出柙

天下人心思漢，各路義軍（變民軍）都打著玄漢的旗號，奉更始正朔。但是，王莽滅亡了，玄漢朝廷直屬的軍隊將領卻已被自己劫掠來的財寶腐化。最傳神的一幕，是更始皇帝劉玄接見出征回朝的將領時，劈頭第一句話居然是：「這次出征，劫掠所得幾何？」

玄漢滅了王莽，當時已經得到天下人心認同，可是劉玄的格局太小，卻讓天下復歸混亂。齊地最大一支變民軍赤眉的首領樊崇，帶著二十多位頭領前往洛陽，劉玄將他們都封為侯爵，可是卻沒有封邑。消息傳到根據地，留在原地的部眾開始有人背叛，因此樊崇等遂從洛陽逃回齊地，成為玄漢的對頭。

玄漢諸將中，唯一作風迥異的是劉秀，他真的堪稱一枝獨「秀」。

王莽死後，玄漢帝國大將王匡（新市兵）攻陷洛陽，生擒了新朝太師王匡（兩人同名，王匡擒王匡，妙哉）。更始皇帝劉玄決定遷都，由宛城遷去洛陽，任命劉秀為司隸校尉，派他去洛陽修繕宮殿與官府。

劉秀依照故漢朝的典章制度，組成自己的司隸（首都衛戍）總部，設官任職，用正式公文行令所屬郡縣。

當時，三輔（大長安）官員派出代表到洛陽去迎接更始皇帝，以示輸誠。一路上看見義軍將領沒有頭盔、冠帽，只用布巾包頭，身上衣服如婦人一般，都掩口偷笑。等到了洛陽，看見司隸校尉屬下的官員作為，激動得難以克制情緒，一些年紀較大的官吏，甚至感動到流淚，說：「沒想到今天又見到大漢帝國的官員威儀！」

從此，有見識的人都心向劉秀。

【原典精華】

時三輔吏士東迎更始，見諸將過，皆冠幘①而服婦人衣，莫不笑之；及見司隸僚屬，皆歡喜不自勝，老吏或垂涕曰：「不圖今日復見漢官威儀！」由是識者皆屬心焉。

——《資治通鑑．漢紀三十一》

劉秀自從老哥劉縯被殺後，表面十分平靜，但每逢單獨自處，都不吃酒肉（以示哀悼），枕席間常留下淚痕。他如此謹慎，才讓劉玄對他比較放心，才能保住性命等待機會出現。

劉玄考慮前往河北（黃河以北）的招降宣撫大員，大司徒劉賜建議：「只有劉秀夠條件。」一平林兵將領反對，劉玄狐疑不決，經劉賜大力勸說，劉玄才任命劉秀「行大司馬事」，以皇帝使節身分，宣撫河北各郡。

大司馬主簿馮異向劉秀提出建議：「更始為政混亂，人民無所依靠。人飢渴太久，就會飢不擇食。閣下眼前有那麼大一片土地可以揮灑，應該派遣官屬，在各郡縣實施善政。」劉秀採納他的建議，所經郡縣，考察官吏政績，獎勵有功，懲罰有罪，公平審理司法訴訟，官民一片歡騰，爭相帶著牛肉與美酒前往勞軍，劉秀一概不接受招待。

脫離了更始控制的劉秀，有如猛虎出柙，天地無限寬廣，光武中興自此展開。

①幘：音「則」，裹頭髮的布巾。冠幘：頭上用布巾包住。

光武中興

方今海內殽亂，人思明君，猶赤子之慕慈母。
古之興者在德厚薄，不以大小也！

～鄧禹對劉秀說

44、人才來歸

中興以人才為本，前章提及的馮異，是投奔劉秀的第一個人才。

昆陽大捷之後，劉秀進略父城不克，大軍駐屯巾車鄉。當時擔任潁川郡掾（職司監察）的馮異巡視所屬五縣時，被劉秀部隊生擒。

馮異對劉秀說：「我的母親住在父城，若能放我回去，我願意獻上五城，以報恩德。」劉秀就放了他。

馮異回到父城，對縣長苗萌說：「玄漢諸將一個比一個粗暴且橫行，只有劉秀，所到之處從不虜掠。看他的言語舉止，不是凡庸之輩。」言下之意，此人必成大器。苗萌聽懂了，兩人率同五縣，向劉秀投誠。

【原典精華】

異歸，謂父城長苗萌曰：「諸將多暴橫，獨劉將軍所到不虜略，觀其言語舉止，非庸人也！」遂與萌率五縣以降。

——《資治通鑑．漢紀三十一》

第二位是劉秀的南陽同鄉鄧禹，他從家鄉不辭跋涉投奔劉秀，可是劉秀受命宣撫河北諸郡縣，不在一個地方待太久。鄧禹一路步行追趕，終於在鄴城追到，晉見劉秀。

劉秀對鄧禹說：「我得到授權可以封爵任官，先生遠道而來，是有意入仕嗎？」

鄧禹說：「不想做官。」

劉秀：「那你想要什麼？」

鄧禹：「希望閣下能成為天下之主，而我能在你屬下效尺寸之力，讓我得以名留青史。」

【原典精華】

南陽鄧禹杖策①追秀，及於鄴。

秀曰：「我得專封拜②，生遠來，寧欲仕乎？」

禹曰：「不願也。」
秀曰：「即如是，何欲為？」
禹曰：「但願明公威德加於四海，禹得效其尺寸，垂功名於竹帛耳！」

——《資治通鑑．漢紀三十一》

鄧禹建議劉秀：「王莽雖滅亡，山東（崤山以東）尚未平定，赤眉、青犢等變民軍都擁兵數以萬計。更始皇帝劉玄只不過是個平凡人物，又沒有主見，諸將也是庸碌之輩，因時運而發達，全都只會爭權奪利，求一時之快活，完全沒有想要安邦定國，解決人民苦痛。但閣下跟他們不一樣，你立過盛大功勞，受到天下人的敬佩。如今更擁有名分與授權，招攬河北英雄豪傑，有條件可以建立高祖一樣的功業，拯救人民於水深火熱之中。以閣下的英明，不難統一天下。」劉秀對鄧禹至為信任，要他住在自己帳中，所有重大決策，或交付將領、使節任務，大都徵詢鄧禹意見。事後證明，鄧禹的判斷都很正確。

光武中興功臣「雲台二十八將」，鄧禹名列第一，馮異名列第七。

①杖策：拄著木杖，意指跋涉山水。
②專：得到皇帝授權。專封拜：有權可以封爵拜官。

45、北道主人

亂世是冒險家的天堂，也是投機者的樂園。相對於馮異、鄧禹等人，另有一位投機者劉林，他是一位劉姓皇族，趙王劉元的兒子（劉元是漢景帝七代孫，因犯罪而問斬），在邯鄲（故趙國都城）進見劉秀，提出大膽軍事建議：「黃河自列人（河北省肥鄉縣東北）向北流，赤眉軍在河水東邊。如果在列人決開河堤，赤眉軍就成了魚鱉了。」

若削平赤眉，劉秀就跟當年韓信一樣，先平定河北，再平定山東，乃能擁有天下三分之一。劉林的提議確實野心勃勃，可是劉秀沒有採納，因為決開黃河、淹沒大軍，在劉秀看來，太不人道。

劉林於是轉向其他目標。當時有一位算命先生王郎，宣稱他是真正的劉子輿（劉子輿據說是漢成帝劉驁的兒子，沒被趙飛燕害死，流落在民間，但始終沒有被證實），於是劉林結合趙國豪族李音、張參等，擁立「劉子輿」。他們四處放話「赤眉要渡河而來，並擁立劉子輿」，這個謠言居然反應良好。其實是老百姓人心思漢，赤眉只要擁立劉姓皇族，就不再被視為土匪。

於是劉林等率領騎兵與戰車共數百人，在某一天早上進入邯鄲城，接收趙王王宮，擁立「劉子輿」（王郎）為漢天子，然後傳檄河北州郡，趙國以北、遼東以西都望風響應。

王郎成為劉秀在河北的大敵，暫時按下不表，劉秀這邊又來了一位少年英雄耿弇。

耿弇是上谷太守耿況（從西漢到新莽）的兒子，更始皇帝派使者去上谷，正式發表耿況為上谷太守，耿況派耿弇去長安（更始政權當時已經遷都長安）覆命。

耿弇當時二十一歲，路上得到劉子輿稱帝的消息，隨從官員孫倉、衛包對他說：「劉子輿是成帝的正統，我們為何捨劉子輿而就劉玄，捨近而求遠？」

耿弇手按劍柄，對他倆說：「那個王郎不過一個盜賊，終必投降成為俘虜。我去長安覆命回來後，發動兵馬，突擊那批盜賊，好比摧枯拉朽。你們兩位認不清對象，只怕保不住族人嘍！」孫倉、衛包悄悄逃走，投奔王郎。

這一番對話，看出兩個要點：第一、更始皇帝劉玄（玄漢政權）雖然拿下洛陽、長安，殺了王莽，但是不得人心；第二、由於人心思漢，對劉玄失望後，乃轉向一個山寨貨色王郎，只因他宣稱是漢成帝親骨肉，而這種心理還非常普遍。

耿弇失去了隨從官，正感徬徨，聽說玄漢大司馬劉秀正在盧奴（河北定縣），乃就近北上進見。劉秀留他下來，擔任長史，一同向北到了薊城（河北大興）。

這時，王郎（劉子輿）的宣撫文告也到了薊城，懸賞十萬戶收買劉秀人頭。一來是「漢室正統」的號召力，二來是十萬戶采邑誘惑太大，三來是玄漢不得人心。因此，當劉秀派屬下王霸到薊城街上招募軍隊，反而遭到街上人們的訕笑，王霸羞愧而回。

劉秀遭此挫折，打算向南折返長安。耿弇說：「我們從南邊來，不能向南走回頭路，否則軍心無法維持。漁陽太守彭寵是閣下南陽同鄉，上谷太守耿況是家父，這兩郡有十萬騎射部隊，邯鄲（王郎）哪是對手？」

劉秀的幕僚、親信都是南邊來的，不想去北邊（漁陽、上谷是邊塞郡），一致反對，說：「我們即使戰死，腦袋也要朝向南方，為什麼要向北落入囊中？」

劉秀指著耿弇說：「他就是我的『北道主人』！」

【原典精華】

秀留署長史，與俱北至薊。王郎移檄購秀十萬戶，秀令功曹令史潁川王霸至市中募人擊王郎，市人皆大笑，舉手邪揄①之，霸慚懅而反。

秀將南歸，耿弇曰：「今兵從南方來，不可南行。漁陽太守彭寵，公之邑人；上谷太守郎弇父也。發此兩郡控弦萬騎，邯鄲不足慮也。」

秀官屬腹心皆不肯，曰：「死尚南首②，奈何北行入囊中？」

秀指弇曰：「是我北道主人也。」

——《資治通鑑．漢紀三十一》

①邪揄：揶揄，訕笑。

②南首：朝向南方。

46、喪家之犬

劉秀決定要向北轉進，尚未出發，薊城卻已生變。

另一位劉姓皇族劉接，是故西漢廣陽王劉嘉（漢武帝五世孫）的兒子，他響應「劉子輿」，在薊城發動群眾，四處放話「邯鄲的使者已經抵達，二千石（太守）以下都已出迎」。一時全城騷動，深怕劉秀（玄漢的使者）留在城中，會造成居民的威脅。

劉秀得到警告，慌忙離開驛所，奔到南門，城門已閉。只好向守城部隊發動攻擊，得以逃出。不分晝夜往南奔馳，不敢進入城邑，只敢在路旁進餐。天寒地凍，劉秀只有吃到過一次熱食，是馮異不知打哪弄來的豆粥。

逃到饒陽（距薊城已一百八十公里），人馬飢寒交迫，已經無力再奔馳。劉秀決定冒險一試，自稱是邯鄲使者（王郎派出的使節），堂而皇之叫開城門，住進驛所，吩咐驛所人員安排飲食。

這一群「使者」見了食物，像流浪漢一般爭搶，完全不成體統。驛所人員起了疑心，於是暗中教人擂鼓數十通，然後高聲通報：「邯鄲將軍（王郎的軍隊）到！」

所有人頓時大驚失色，劉秀也慌忙上車。正要驅車奔逃，再想想，人在城內反正逃不出去，於是從容還座，傳話：「請邯鄲將軍入見。」這才證明是虛驚一場。一行在饒陽休息夠了，才離開。

【原典精華】

至饒陽，官屬皆乏食。秀乃自稱邯鄲使者，入傳舍，傳吏方進食，從者飢，爭奪之。傳吏疑其偽，乃椎鼓數十通，紿①言「邯鄲將軍至」；官屬皆失色。

秀升車欲馳，既而懼不免，徐還坐，曰：「請邯鄲將軍入。」久，乃駕去。

——《資治通鑑．漢紀三十一》

一路上不斷有傳聞「王郎追兵快到了」，隊伍陷入恐慌。接近滹沱河時，探馬回報：「河水漂滿浮冰，船不能行，無法渡過。」

劉秀派王霸前往查看狀況。王霸擔心這個消息會使得逃亡隊伍一哄而散，因此回報：「河冰已經合凌，冰面堅硬，車馬可過。」從者聽了都很高興。

劉秀說：「真是的，探馬也不弄清楚情況。」

於是人馬繼續往滹沱河前進。

到了河邊，嘿，河冰還真「合凌」了。人馬渡河，還剩最後數騎未渡過，合凌的冰層又裂開了——只能說，真是命大福大！

過了滹沱河，追兵被流冰隔絕不能渡，總算暫時安全，但劉秀仍不知該往哪裡去。走到下博城西，劉秀遇到一位白衣老人，手指一個方向，說：「繼續努力！往此去八十里就是信都郡，信都城仍然打著長安（玄漢）旗號。」

這時候，黃河以北各郡國大都歸附王郎，只有信都太守任光與和戎太守邳彤仍站在玄漢這一邊。任光是南陽人，他正擔憂孤城無以抵抗王郎，剛好劉秀抵達，大喜！全城官民也高喊萬歲。

邳彤從和戎趕來，共商大計。與會者多半主張，以信都兵力護送大家回長安。邳彤力

①紿：音「待」，假。

排眾議說：「人心思漢已久，所以更始皇帝高舉旗號，就得到天下響應，關中人民爭相迎接。如今王郎只是一個算命先生，假稱有皇家血統，一時騙到了燕、趙之地，但其實他的基礎並不穩固。閣下若動員二郡之兵討伐之，哪有可能不消滅他？不此之圖，只求逃回長安，不但平白失去河北，甚至會連帶驚動關中，肯定不是好計策！更何況，閣下若無心在河北打拚，一旦西行，邯鄲（王郎）立即掌握全部河北地區。閣下怎麼可能期待信都軍隊願意拋下父母妻子，跋涉千里，送你回長安呢？」

劉秀採納邳彤意見，決定留在河北奮鬥，可是以二郡兵力想對抗王郎，實在太弱，因而想要與「城頭子路」或「力子都」聯合。

「城頭子路」的首領是爰曾，在黃河、濟水一帶劫掠，有部眾二十萬人；「力子都」部眾則有六、七萬人，兩者都是當時聲勢浩大的變民團體，尚未自稱「將軍」，也未有旗號。

任光反對與流寇聯合，在二郡招募精兵四千餘人，又有劉植（數千人）、耿純（二千餘人）等來歸，部眾達到數萬，且相對有組織。劉秀又結了一個政治婚姻，娶真定王劉楊的外甥女郭聖通為夫人，劉楊原本是王郎的支持者，因為結了姻親，倒戈支持劉秀，形勢乃逐漸逆轉，接連擊敗王郎軍隊。

這時候，劉秀才有時間思考戰略。

有一次他對著地圖凝視，問鄧禹說：「天下郡國這麼多，我今天才僅僅掌握這麼一丁點地盤，而你之前說我必定能得天下，憑什麼這麼說？」

鄧禹說：「天下大亂，人民渴望出現英明的君主，猶如嬰兒渴望慈母一般。你問我憑什麼，我告訴你，古時候凡是在亂世中興起的，都是憑藉他的德行厚薄，不在於他的地盤大小。」

47、敗部復活

劉秀從薊城倉皇遁走時，隊伍往南奔，耿弇則往北回到上谷。

不久，王郎派出的將領也北上到了上谷、漁陽一帶，文攻武嚇，並招募兵馬，沿邊郡縣多數打算接受王郎的招降。

上谷郡功曹寇恂、門下掾閔業向太守耿況建議：「邯鄲（王郎）突然崛起，摸不清他的實力，也難說他暴起會不會暴落。而劉秀是劉縯的親兄弟，禮賢下士，值得歸附。」

耿況態度猶豫，說：「邯鄲的氣勢正盛，我們以一個郡恐怕無法抵抗，該怎麼辦？」

寇恂說：「上谷郡兵精糧足，有騎射部隊一萬人，絕對有實力選擇自己的前途。我自願向東前往漁陽，說服漁陽太守彭寵，二郡齊心合力，邯鄲不是我們對手。」於是寇恂前往漁陽，提出「二郡各出突騎二千、步兵一千」，南下支援劉秀。

漁陽那邊，也上演了相同戲碼：安樂縣令吳漢、護軍蓋延、狐奴縣令王梁建議彭寵加入劉秀，但其他官員都傾向王郎，彭寵一時難以決定。等到寇恂前來遊說，彭寵立即決定，派出步騎兵三千人，由吳漢領軍南下。

寇恂回到上谷，與耿弇一同率軍南下，和漁陽軍隊會合後，長驅而南，一路過關斬將，攻下薊城、涿郡、中山、鉅鹿、清河、河洵等二十二座縣城。

二郡聯軍到了廣阿，探馬回報「城內車騎甚眾」，急忙停下戒備，向鄉人打聽：「城裡是什麼軍隊。」聽到回答說是「大司馬劉秀的軍隊」，大為興奮，乃直趨城下。

城裡也很緊張，因為一直有謠傳說北方二郡已投靠王郎，將攻擊廣阿。等軍隊到了城下，劉秀親自登上西城樓，詢問來意，耿弇下馬拜見，劉秀立即請他入城。

耿弇說明經過之後，劉秀再請全體將領進城。

劉秀笑著說：「邯鄲方面一再放話『已徵調漁陽、上谷軍隊』，我回應說『我們也徵調二郡兵馬來援』，沒想到二郡果真來援助我，我將與各位共享功名。」任命二郡將領皆為偏將軍，封耿況、彭寵為侯。

上谷、漁陽二郡是邊塞重鎮，一直維持著稱為「突騎」的精銳騎兵，二郡兵馬一旦投入，立即在南蠻痛擊王郎軍。劉秀讚賞說：「一向聽說北邊二郡的突騎是天下精銳，今天親眼看見，令人振奮。」

戰況扭轉，劉秀的生力軍攻勢淩厲，王郎軍隊退守鉅鹿，死守城池，劉秀久攻不下。

耿純此時提出一個釜底抽薪的戰略：「我們困在鉅鹿城下，官兵疲憊，不如以精銳部隊直接進攻邯鄲。一旦王郎伏誅，鉅鹿不必攻打，自然降服。」

劉秀採納這個戰略，留下將軍鄧滿繼續攻城，牽制鉅鹿軍隊。自己帶著主力大軍，直攻邯鄲，接連痛擊邯鄲守軍。王郎支持不住，乃派出諫大夫杜威，向劉秀請降。

杜威在劉秀面前，仍力持「劉子輿真的是漢成帝遺孤」說法。劉秀此時勝券在握，對杜威不客氣的說：「即使成帝復生，也不可能再當天子，何況那個山寨貨劉子輿？」

杜威仍不放棄，請求封劉子輿為萬戶侯。劉秀說：「饒他不死，應該夠了吧！」杜威大怒而去。

劉秀加緊進攻邯鄲，王郎政權的少傅李立打開城門，迎接漢軍，於是邯鄲城陷落。王郎趁夜逃出，被王霸追捕，斬首。

劉秀進入王郎宮中，檢視政府檔案，發現有己方官員、人民與王郎私通的信件，數目達數千封之多。內容包括向王郎表態效忠，以及毀謗劉秀。

換做其他人，只怕要一一核對，查明屬實後，加以報復。可是劉秀完全不追究，他召集全體將領，公開燒毀這些書信，說：「讓那些擔心事發、翻來覆去睡不著覺的人安心。」

【原典精華】

秀收郎文書，得吏民與郎交關①毀謗者數千章。秀不省，會諸將軍燒之曰：「令反側②子自安！」

——《資治通鑑・漢紀三十一》

①交關：套交情。今閩南語仍保留這個詞。
②反側：輾轉反側，難以入睡。

48、人心思莽

劉秀消滅了王郎，掌握河北一大塊地盤，他又是昆陽大捷第一功臣，玄漢天下全靠那一役。更始皇帝劉玄對如此一位戰功赫赫的大司馬，又與他有殺兄（劉縯）之仇，當然感到芒刺在背，一定得想辦法「處理」。

而劉秀也心知肚明，劉玄一定會對他來「陰」的，因此格外謹慎言行，提防身邊有更始密探。

護軍朱祜對劉秀說：「長安（玄漢）的施政亂到極點，閣下有『日角』之相，上應天命啊！」劉秀吩咐左右：「召刺姦將軍（掌軍法）來，逮捕護軍。」

但儘管劉秀謹言慎行，劉玄仍然出手了。長安的使節到了邯鄲，宣詔封劉秀為蕭王，下屬河北軍隊全數解甲歸田，蕭王與諸將全部都到長安享福。另外派人擔任幽州牧、上谷太守、漁陽太守。

劉秀心想「果然來了」，但是他不動聲色，做出準備奉詔去長安享清福的樣子，白天仍在溫明殿睡覺。

耿弇闖進溫明殿，直衝臥榻前請求單獨談話，說：「部隊死傷人數太多，請讓我回上谷補充。」——耿弇也在試探劉秀。

劉秀說：「王郎已滅，河北大致平定，哪還需要增兵？」

耿弇說：「王郎雖滅，天下混戰卻才開始。銅馬、赤眉這類變民集團還有數十個，每個都有數十、百萬人，當者披靡。長安的天子沒有能力對付，不久就會潰敗。」

劉秀從榻上跳起來，說：「你口出叛逆之語，我只好下令斬你。」

耿弇說：「大王厚待我，情同父子，所以才敢掏出赤心，講真話。」

劉秀說：「方才是開玩笑的，你說明一下為何長安撐不久？」

耿弇說：「天下百姓因王莽而受苦，於是人心思漢，聽說漢兵起義，就像脫離虎口重回慈母懷抱。如今劉玄為天子，山東諸將各自割據一方，朝中貴戚卻在關中大肆搜刮，老百姓的內心泣血，反而懷念起王莽時代！所以我知道更始必敗。閣下的戰功彪炳，威名遠播，以仁義為號召，天下可以傳檄而定。這個治理天下的最重任務，閣下應該自己承擔下來，不能讓他人得去！」

【原典精華】

莽曰：「百姓患苦王莽，復思劉氏，聞漢兵起，莫不歡喜，如去虎口得歸慈母。今更始為天子，而諸將擅命於山東，貴戚縱橫於都內，虜掠自恣，元元①扣心②，更思莽朝，是以知其必敗也。公功名已著，以義征伐，天下可傳檄而定也。天下至重，公可自取，毋令他姓得之。」

——《資治通鑑．漢紀三十一》

耿弇這一番話，正是本書書名所由來。劉秀聽了，上奏更始皇帝，力陳河北尚未完全平定，還不能回長安享福。至此，劉秀終於明白表態，不接受長安節制。

①元元：老百姓。
②扣：用手捶打。扣心：猶言「椎心肝」。

49、推心置腹

劉秀與更始皇帝劉玄這下等於公開決裂了，所以，他不必再假裝享清福，也沒有餘裕再白天睡覺。為了壯大實力，為了強固根據地，劉秀徵召幽州十郡的突騎部隊。

劉玄派去的幽州牧苗曾下令各郡不予理會，被吳漢率二十餘名騎兵逮捕，當場斬首；另一位劉玄派去的上谷太守則被耿弇逮捕並處決。於是各郡震動，無不聽命。

軍隊充實以後，劉秀開始掃蕩變民集團。當時河北地區的變民集團很多，包括：銅馬、大彤、高湖、重連、鐵脛、大槍、尤來、上江、青犢、五校、五樓、五幡、富平、獲索等。由他們的名稱不是地名，就是一些象徵勇壯的事物可知，其水準不高，因而只能成為土匪，而不能爭勝天下。

劉秀首先將目標指向最強大的銅馬，雙方對峙數日，銅馬的糧食已盡，趁夜遁逃。劉秀縱兵追擊，銅馬大敗，投降。

正在受降時，另兩支變民軍高湖與重連突然由東方攻來，會合尚未投降的銅馬軍。劉秀再發動攻擊，一一擊破，全部投降。

劉秀封這些變民軍的頭目為侯，以收編其兵力。但是劉秀麾下諸將不信任這些盜賊，變民也感受到未獲信任而內心不安，氣氛緊繃，隨時可能爆發衝突。

劉秀察覺到這種情緒，乃下令投降部隊各自回到軍營，武裝備戰。自己則帶領少數隨從到各軍營巡視，以示信任。

投降的變民相互傳話：「蕭王將他的一顆赤心放到我們的肚腹內，怎能不教我們為他效死？」全都心悅誠服。於是，劉秀擁有了數十萬軍隊。

【原典精華】

蕭王封其渠帥①為列侯。諸將未能信賊，降者亦不自安；王知其意，敕②令降者各歸營勒兵，自乘輕騎按行③部陳④。降者更相語曰：「蕭王推赤心置人腹中，安得不投死乎！」由是皆服，悉以降人分配諸將，眾遂數十萬。

——《資治通鑑．漢紀三十一》

原本聲勢最大的赤眉軍與劉秀隔著黃河，這下子也感受到壓力。赤眉的一支與青犢、上江、大彤、鐵脛、五幡組成聯軍，約有十餘萬之眾，在射犬集結，被劉秀擊破。劉秀於是進軍河內，河內太守韓歆投降。赤眉受到劉秀勢力急速膨脹的壓力，即將產生「驅狼趕虎」的效應。

①渠帥：首領。
②敕：劉秀當時的稱號是「蕭王」，其命令用「敕」。
③按行：校閱。
④陳：同「陣」，借用字。

50、驅狼趕虎

劉秀消滅王郎、收降銅馬之後，依當時態勢看來，勢必與東方的赤眉有所衝突。可是赤眉內部，此時卻出現了變化。

赤眉軍首領樊崇不是一號大格局人物，之前他有意投效玄漢，由於發現更始帝劉玄格局也不大，因此逃回齊地。如今他為了部眾太多而煩惱，將部眾分成兩支，自己帶領一支，由徐宣、謝祿、楊音率領另一支。赤眉軍雖然對上官兵屢戰屢勝，但由於缺乏中心思想，沒有共同目標，且成員基本上都是農民，對於重複不停的戰鬥，與刀頭舐血的日子感到厭倦，軍中瀰漫嚴重的思鄉病，日夜愁泣，想要回到東方。

樊崇與其他頭領商議，認為一旦回到東方，軍隊肯定一哄而散，各自回鄉，那樣大夥都將身陷險境，不如向西攻向長安。

大軍有了目標，反而心意一致，兩路大軍分別穿過武關、陸渾關攻向長安。

更始帝劉玄下令王匡（新市兵）、成丹（下江兵）駐防河東，抗威將軍劉均駐防弘農，堵截赤眉。

劉秀研判形勢，認為赤眉必定攻破長安，於是決定兩路作戰：主力由他本人帶領，掃蕩北方燕趙地區；同時派出特遣軍由鄧禹率領，配合赤眉西進，然後藉著赤眉破長安，順勢併吞關中。這一計叫做驅狼趕虎，鄧禹的進軍路線，有減輕赤眉側翼威脅的作用，也就是包圍河東郡（郡治安邑縣）牽制王匡、成丹的軍隊。

赤眉兩路大軍在弘農會師，以一萬人為一營，共三十營。第一仗痛擊玄漢討難將軍蘇茂，接著與玄漢丞相李松決戰，李松大敗，三萬餘人被殲滅，赤眉推進到湖縣。

鄧禹的部隊「圍點打援」，包圍安邑數月之後，擊斬來攻的玄漢大將軍樊參。王匡、成丹與劉均集結十餘萬大軍攻向鄧禹，鄧禹敗退。但王匡等卻因隔天剛好是「癸亥」，也就是干支最後一天（當時五行是主流思想，認為那一天是「六甲窮日」），諸事不宜，乃不乘勝追擊——結果，鄧禹因此逃過了「窮日」。

隔天是甲子日，諸事大吉，王匡全軍出動。鄧禹下令軍隊不准做任何反應，等到敵方大軍逼近營壘時，鄧禹才下令戰鼓雷鳴，全軍反撲，大破玄漢兵團，斬劉均及河東太守楊寶，王匡等逃回長安，河東完全置於鄧禹控制之下。

【原典精華】

王匡、成丹、劉均合軍十餘萬，復共擊禹，禹軍不利。明日，癸亥，匡等以六甲窮日，不出，禹因得更治①兵。甲子，匡悉軍出攻禹，禹令軍中毋得妄動，既至營下，因傳發諸將，鼓而並進，大破之。

——《資治通鑑．漢紀三十一》

西戰場完全依照劉秀的設想進行，可是劉秀在河北戰場卻險遭不測。

劉秀向北掃蕩尤來、大槍、五幡等變民軍，一路連戰皆捷，卻因勝利來得太容易而輕率深入，遭變民軍反撲，大敗。劉秀逃到沒路了，心一橫，跳下懸崖，幸而不死。又恰好遇到一名突騎軍官，將坐騎讓給劉秀，才得脫險。

軍隊敗退到范陽，停下整頓，才發現劉秀失蹤。軍中迅速傳出謠言，說劉秀已經陣亡，將領們一時驚惶失措，不知如何是好。此時只有吳漢力持鎮定，對將領們說：「我們不可因此懷憂喪志，大王的哥哥（劉縯）還有兒子在南陽，我等何必憂慮沒有主人！」等到劉秀回到營地，軍心才告穩定，而此時軍中開始流傳：「古人說『王者不死』，大王應該是天子命吧！」

尤來等變民軍雖然戰勝，但懾於劉秀威名，不敢追擊，反而趁夜遁去。劉秀再追擊，連續擊敗變民軍，可是變民軍因潰散而成了流寇，邊打邊搶，行動飄忽不定，難以捕捉。劉秀於是採納強弩將軍陳俊的建議，派出快馬，跑在流寇前面，教人民堅守村莊壁壘，若村民無力防守，則先將村中財物、糧食搶走。果然，變民軍搶不到糧秣，逐漸潰散。劉秀稱讚陳俊：「這全都是你的功勞。」

然而，這卻是老百姓的悲哀：流寇來，洗劫一空；號稱仁義之師來，同樣洗劫一空。劉秀贏了，但百姓卻輸光了。

---

①更：重新。治：整頓。更治兵：重新整頓軍隊。

51、劉秀稱帝

兩路大軍西征北討都大有斬獲，其先決條件是供輸前線不虞匱乏，幕後功臣則是劉秀口中的「吾之蕭何」寇恂。

劉秀任命寇恂為河內太守，鎮守大本營河內郡（今河南武陟），並對他說：「從前，劉邦把關中交給蕭何；而今，我把河內交給你。盼望供應不絕，兵源不缺，同時為我防禦南方，不許他們（洛陽一帶的玄漢軍隊）向北渡過黃河。」

【原典精華】

蕭王謂恂曰：「昔高祖留蕭何關中，吾今委公以河內，當給足軍糧，率厲士馬，防遏他兵，勿令北渡而已！」

劉秀同時任命馮異為孟津將軍，統一調度魏郡與河內兵力，沿黃河布防，盯緊洛陽。馮異，就是當初說服五城軍民投效劉秀那位。擊敗王郎之後，劉秀將軍隊重做調整，新收編的（王郎）軍隊，都表示願意編入「大樹將軍」麾下。

大樹將軍就是馮異的綽號。他個性謙讓，從不逞強。每攻下一個地方，將領們總是相聚一起，大吹大擂自己的功勞；只有馮異，獨自坐在樹蔭底下，不參與「吹牛大賽」，所以軍中都稱他大樹將軍。

寇恂果然是劉秀的「蕭何」，在河內徵集糧秣、製造武器，供應前方。大軍推進得再遠，從不匱乏。馮異呢？他不止防守黃河，更建立奇功，與寇恂一同收拾了河南的玄漢軍。

當時黃河南岸的玄漢將領包括：朱鮪、李軼、田立、陳僑，號稱有三十萬精兵。其中李軼當初與劉縯、劉秀兄弟一同起兵，可是他後來卻參與劉玄殺害劉縯的陰謀。

馮異寫信給李軼，分析禍福利害，勸他歸降。李軼看出更始敗象已露，可是不敢相信劉秀不會報復，於是回信給馮異，說：「如今我鎮守洛陽，將軍鎮守孟津，分別據於戰略要地。這是千載難逢的機會，咱倆若能同心，其利斷金。請閣下轉報蕭王，我有幫他安民定邦的策略。」

雙方交換書信之後，李軼不再跟馮異爭鋒，黃河兩岸無衝突。於是馮異得以北攻天井關，攻拔上黨郡的兩座縣城，又南下攻取河南郡所屬成皋以東十三個縣，收降十餘萬玄漢軍隊。玄漢將領武勃率萬餘人來攻，被馮異痛擊，當陣斬首，而李軼卻閉門不救。

馮異見書信有效，遂向劉秀報告。劉秀回覆：「李軼此人，詭詐多端，人們看不透他的心裡在想什麼。你可以將他的來信抄送各郡守、尉，所有負責守備的將領。」

收到信的人都感覺奇怪，為什麼蕭王要洩露秘密書信。但不久就揭曉了：朱鮪得到情報，派人刺殺李軼。從此，玄漢軍在洛陽地區的諸將相互猜忌，不時有人投降。

【原典精華】

異見其信效，具以白王。王報異曰：「季文①多詐，人不能得其要領②。移其書告守、尉當警備者。」眾皆怪王宣露軼書。朱鮪聞之，使人刺殺軼，由是城中乖離，多有降者。

——《資治通鑑．漢紀三十二》

朱鮪為此擔心，決定趁對手空虛，渡河攻擊河內郡。

寇恂聞報，立即動員應戰，並通知各縣發兵，到溫城會師。幕僚建議等各縣軍隊集結後再出擊，寇恂說：「溫城是本郡的險要，若失去溫城，郡治肯定守不住。」下令急行軍赴戰。

隔天，寇恂到了溫城，馮異派來的援兵與各縣軍隊也及時報到會師。寇恂下令部隊在城上鼓譟，大喊：「劉公（劉秀）大軍趕到！」來犯敵軍為之陣腳鬆動，寇恂抓住時機，下令衝鋒，敵將蘇茂潰敗撤退。

馮異也渡過黃河，攻擊朱鮪主力，朱鮪敗走。寇恂與馮異一路追擊到洛陽，繞城一周展示軍威後收兵。從此，洛陽白天緊閉城門，不再構成威脅。

馮異、寇恂呈報戰果，前線諸將紛紛向劉秀祝賀，並拍馬屁請劉秀稱帝，劉秀予以否決。

劉秀領軍繼續北伐，一路掃蕩到北方邊界，變民殘眾進入遼西、遼東，被烏桓（東胡）、貊（朝鮮）抄擊殆盡。於是將領們再勸進，劉秀仍不同意。

①季文：李軼字季文。
②得其要領：聽人說話能夠掌握意思。

班師途中，將領再敦促即位稱帝，劉秀仍不答應。耿純進言：「天下英雄豪傑拋棄他們的親人、土地，追隨大王征戰四方，為的就是能夠攀龍鱗、附鳳翼，成就一番事業。如今大王拖延時日，違背眾意，遲遲不決定稱帝，我擔心士大夫因為期待落空（主子不稱帝，部下就不能裂土封侯），會產生不如歸去的念頭，不願再留下來吃苦打拚。要知道，人馬一散，可就難以再聚集嘍！」

最後，將領們第四度勸進，劉秀乃登極稱帝，史稱東漢（亦稱後漢）。

52、劉玄末日

劉秀在河南稱帝的同時，關中卻發生了巨大變化。赤眉大軍進入關中，玄漢軍一再敗績，還受到鄧禹軍隊的牽制，兩面作戰使得玄漢政權岌岌可危。

玄漢政權的淮陽王張卯（下江兵）眼看大勢已去，與原下江兵將領們商議：「赤眉軍隨時都會兵臨城下，滅亡就在眼前，與其一同陪葬，不如將長安大肆劫掠一番，逃回南陽家鄉。如果仍然活不下去，了不起再入江湖當土匪吧！」於是一同入見更始皇帝劉玄。劉玄滿臉鐵青，不回應，諸將乃不敢再提。

【原典精華】

張卯與諸將議曰：「赤眉旦暮且至，見①滅不久，不如掠長安，東歸南陽。事若不集②，復入湖池中為盜耳！」乃共入，說更始；更始怒不應，莫敢復言。

——《資治通鑑．漢紀三十二》

這一幕可以看出，玄漢政權始終不脫土匪本質，仍然是「綠林好漢」的集合。

張卯等諸將退下後，陰謀藉立秋祭典時，劫持劉玄，然後大掠長安，逃回南陽。但事跡不密，被劉玄得到消息，秋祭時辰到了，他稱病不出，反而召張卯等入宮，準備將之一網打盡。

張卯等進了皇宮，感覺氣氛不對，立即突出皇宮，只有申屠建沒跑，當場被殺。張卯等率眾反攻皇宮，放火燒開宮門，殺進宮中，劉玄的禁衛軍大敗。

劉玄逃出長安，投奔趙萌（劉玄的姻親）。此時劉玄疑心生暗鬼，對出身綠林的王匡（新市兵）、陳牧（平林兵）、成丹（下江兵）都不信任，將他們召來誅殺。陳牧、成丹先到，被殺；王匡率軍回到長安，與張卯會合。

劉玄指揮趙萌，與丞相李松的軍隊會合，反攻長安。經過連月纏鬥，王匡、張卯棄城逃走，投降赤眉。

赤眉大軍進攻長安，李松出戰，大敗。李松的弟弟李况擔任城門校尉，開城迎接赤眉，劉玄從廚城門逃走。

遠在河南的劉秀下詔封劉玄為「淮陽王」，而赤眉擁立的「漢帝」劉盆子也下詔：「劉玄如果投降，封長沙王。超過二十天，就不再接受投降。」於是劉玄出面向赤眉投降。

赤眉進了長安，軍紀蕩然，暴虐虜掠。三輔人民這下子轉而又懷念起更始皇帝劉玄，對他當下的處境表示憐憫。張卬等擔心留著劉玄遲早是個禍胎，於是下手將劉玄縊死，屍體趁夜埋葬，後來劉恭為他收屍，鄧禹將他葬在霸陵。

①見：被。
②集：此處做「市集」之「集」解。不集：買賣不成。

53、劉盆子

前章提及赤眉擁立了一位漢帝劉盆子，是什麼來歷？

赤眉在山東起義的時候，抓了三兄弟，是劉姓皇族。樊崇去洛陽朝見劉玄時，帶了三兄弟的大哥劉恭同往，劉玄封劉恭為式侯。樊崇逃回根據地，劉恭沒有隨之回去，留在關中當他的侯爺，前章為劉玄收屍的就是他。

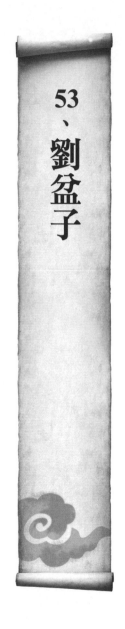

赤眉入關，向長安挺進，到了華陰，有人向樊崇提出建議：「將軍擁有百萬大軍，向西朝帝都進發，但卻沒有一個稱號。不如擁戴一位劉姓皇族，訴求大義（人心思漢，姓劉的當皇帝就是復興漢室，就是大義），以此號令天下，誰敢不從？」

軍隊推進到鄭縣（陝西華縣），長安已經在望，樊崇決定擁立一個皇帝，於是在百萬大軍中尋找劉章（昔誅滅諸呂時，最勇敢的那位劉姓皇族，齊地人民為他立廟）的後代，共七十餘人，其中有三人與劉章的血緣最親：劉恭的兩個弟弟劉茂、劉盆子，與另一位劉孝。

樊崇採用抽籤方式決定，置三個竹筒，其中兩個是空的，只有一個置入「上將軍」紙條。興建高臺，祭祀劉章，所有三老、從事全部出席見證。三個人依年齡順序開始抽籤，劉盆子年紀最小，但是他卻抽中了。

皇帝身分剎時決定，全體將領下拜稱臣。劉盆子當時十五歲，披頭散髮、光著雙腳、衣不蔽體、流汗赭色（身上很髒），看見平常耀武揚威的將領們竟然向他叩拜，嚇得幾乎哭出來。二哥劉茂囑咐他：「將抽到的紙條藏好！」劉盆子這才警覺，這張紙條正是令他驚恐的符咒，趕緊送進口中咬碎，扔掉。

【原典精華】

盆子等三人以年次探札①，盆子最幼，後探，得符；諸將皆稱臣，拜。盆子時年十五，被髮徒跣②，敝衣赭汗，見眾拜，死畏愈啼。

①札：竹筒。
②跣：音「顯」，赤足。

茂謂曰：「善藏符！」盆子即齧折，棄之。

——《資治通鑑・漢紀三十二》

劉盆子就這樣由一個牧童成了皇帝。他壓根兒不想當皇帝，可是命運由不得他拒絕，形勢也由不得他拒絕。他怕得要死，日夜啼哭，左右侍者對他充滿憐憫。

赤眉將領進了皇宮，卻完全沒個執政的樣子。大哥劉恭看出赤眉遲早敗亡，私下囑咐劉盆子，準備交出玉璽，還教導他一番說辭。

元旦當天早朝，劉恭首先發言，說：「諸君擁立我的小弟為帝，恩深德厚。可是即位將近一年，局勢混亂比從前更嚴重，可見他的能力不足以完成諸君的託付，即使死了也對大事沒有幫助。懇請各位將軍准許他退位成為平民，另外推舉一位優秀人才！」

樊崇等道歉，說：「這都是我們的錯！」

劉盆子由龍椅上下來，並交出玉璽，向將領們叩頭，說：「當前的情況是，立了皇帝，也派了官吏，可是大家仍然像強盜一樣行為，使得人民怨恨（人心由思漢而思莽，再思更始！），不再信任我們。這都是立天子立錯了人，請求各位留我一條活路。但若要殺我以推卸責任，我也不敢推辭！」哭得一把眼淚、一把鼻涕。

【原典精華】

盆子乃下牀解璽綬，叩頭曰：「今設置縣官而為賊如故，四方怨恨，不復信向，此皆立非其人所致。願乞骸骨，避賢聖路！必欲殺盆子以塞責者，無所離死。」因涕泣唏噓。

——《資治通鑑．漢紀三十二》

樊崇等人面對一個哭得慘兮兮的小皇帝，對劉盆子既抱歉又憐恤，一個個離座叩頭，說：「是我們不對，辜負陛下！從今以後，絕對不再肆意放縱了。」一同將劉盆子抱起來，將玉璽再掛回他身上。劉盆子號啕大哭，但是身不由己。

將領們各自回營，都緊閉營門，不許官兵外出。三輔（大長安地區）的秩序突然大好，人民稱頌天子英明，流亡在外的人爭著回到長安，市面又恢復熱鬧。

可是，這種情況只維持了二十多天，赤眉土匪軍又故態復萌。

終於，長安城中糧食耗盡，赤眉軍滿載搶來的金銀財寶，縱火焚燒宮殿、民宅，再做最後一次徹底的搶劫，長安城頓成廢墟，不見人蹤，赤眉軍則向西流竄。

在此之前，東漢的征西大軍將領看見長安亂象，紛紛建議統帥鄧禹出兵，可是鄧禹一點也不急著進攻長安，反而向北略取上郡（陝西綏德），並加強在控制區內徵兵、囤積糧秣。光武帝劉秀一再寫信催促他進兵，他都不為所動。

等到赤眉鳥獸散去以後，鄧禹才將大軍開進長安城，進謁高廟（劉邦），再將西漢十一位皇帝的牌位收齊，送往洛陽——以示東漢才是正統的「漢」。

54、赤眉投降

赤眉離開長安之後，四處流竄，遇到各割據勢力都吃敗仗，因為地方軍為了保衛家園，莫不全力抵抗。可是鄧禹遇到赤眉，反而連吃敗仗，因為赤眉遇到東漢軍時，深怕被趕盡殺絕，個個拚命。

赤眉先向西攻擊隴右（今甘肅南部），被割據當地的隗囂派將軍楊廣迎擊，大破赤眉；楊廣追擊，連破兩陣。赤眉退到陽城潘須口，天降大雪，山谷都被大雪填平，士卒很多凍死，於是向東轉回三輔。經過長安郊外西漢諸帝的陵墓，發掘墳墓，挖取其中的陪葬寶物。其中有以玉匣下斂的屍體，都還栩栩如生，變民甚至汙辱了呂后的屍體。（呂后已經下葬一百八十年，這項記載值得懷疑）

赤眉回轉長安，鄧禹派軍出擊，卻被擊敗。鄧禹敗退到雲陽，赤眉再入長安。

長安已殘破，赤眉將領逢安率領大軍向南攻擊漢中，漢中一支變民軍首領延岑迎戰，大破赤眉，殺十餘萬人。鄧禹趁逢安大軍出擊，長安空虛，率軍奇襲長安，恰好赤眉將領謝祿來救，鄧禹戰敗，撤退。

總之，鄧禹對赤眉的軍事行動不順利，關中地區包括三輔，到處都是擁兵自保的地方勢力，鄧禹束手無策。

於是劉秀決定派馮異為征西大將軍，替換鄧禹。

劉秀對馮異說：「三輔人民受到王莽、更始與赤眉連番為禍，人民塗炭，無處訴哀。將軍此番前往征伐，務必保護投降部眾，將領送來洛陽，小民輔導他們務農桑，讓他們不要再聚眾為亂。征伐的目的不在於略地屠城，而在於平亂安民。大軍經過的地方，千萬不要帶給郡縣痛苦。」

對此，鄧禹引以為奇恥大辱，為了挽回顏面，不斷驅使飢餓的士卒向赤眉發動攻擊，但總是不利。沒辦法，遂帶著車騎將軍鄧弘向南渡過黃河，要求馮異一同向赤眉發動總攻。

馮異提出他一路打來的經驗，說：「我與赤眉對陣數十日，雖然俘虜了他們好幾名戰將，可是他們兵眾仍多，只宜以恩信引誘，很難力敵破之。皇上的戰略是，以大軍進駐澠池，阻截赤眉東歸必經之路，由我打擊對方的西面，可以一舉解決，不留後患，這是萬全的戰略。」

確實，赤眉已成流寇，若是用「攆」的方法，即使一再打勝仗，也只會荼毒更多地方，前後夾擊才能完全解決。

可是鄧禹和鄧弘不答應，自行出擊。赤眉佯敗，棄輜重而走，車內載著泥土，上面覆蓋一層豆子。鄧弘的軍隊已經餓很久，以為這些車子上都是滿滿的豆子，爭相搶食，於是落入赤眉陷阱。赤眉軍發動反攻，爭食豆子的鄧弘部隊被擊潰，馮異與鄧禹合力救援，赤眉軍稍稍退卻。馮異建議休兵，鄧禹不聽，率軍追擊，大敗，更連累馮異軍團也潰亂。鄧禹只剩二十四騎逃回宜陽，馮異收拾殘部堅壁自守。

一個多月後，馮異再與赤眉決戰。這一次，馮異埋下伏兵，伏兵換成赤眉服裝混入敵陣，赤眉軍在慌亂中難分敵我，陣腳潰亂，馮異給予重擊，投降者男女共八萬人。

劉秀以璽書慰勞馮異指出：「將軍之前雖然在回谿遭遇挫折，但是終於在澠池贏回來，稱得上是『失之東隅，收之桑榆』。我正命令有關單位論功行賞，以報答你的大功勞。」

【原典精華】

帝降璽書勞異曰：「始雖垂翅回谿，終能奮翼澠池，可謂失之東隅，收之桑榆

①。方論功賞，以答大勳。」

——《資治通鑑．漢紀三十三》

赤眉的殘餘部隊向東潰逃，劉秀已經算準赤眉的竄逃路線，親率大軍在宜陽嚴陣以待。赤眉敗眾忽然面對大軍，驚駭非常，不知該怎麼辦才好。最後，公推劉恭為乞降代表，進見劉秀，說：「劉盆子率領百萬部眾向陛下投降，陛下將如何待他？」

劉秀說：「我保證不殺他。」

劉恭回去，赤眉將領樊崇、逢安等商量了一天，再隔天，由劉盆子率領丞相徐宣以次三十餘人，袒露臂膀向劉秀投降，將傳國玉璽（王莽得自王政君，劉玄得自王莽，赤眉得自劉玄）獻給劉秀。赤眉大軍（當時尚有十餘萬人）交出武器、脫下甲冑，堆在宜陽城西，高度與熊耳山齊。

次日，劉秀在洛水畔大閱兵，命劉盆子君臣在旁觀看。劉秀對赤眉實質領袖樊崇說：「你們後不後悔投降啊！如果你們後悔，沒關係，我現在放你們回營，重新武裝，整理隊伍，雙方鳴鼓再戰，一決勝負，我絕不勉強你們投降。」

徐宣等跪下叩頭說：「我等自從出了長安城東都門，君臣們就議決要歸順陛下。由於群眾只能共享成果，難以商量大事，所以沒有向群眾宣布。今天得以歸降陛下，好比脫離虎口，投入慈母懷抱，歡喜還來不及，怎麼會後悔呢？」

變民流寇當中，居然有如此出口成章的人物，劉秀驚喜的對徐宣說：「你真可以稱為鐵中之鋼、平凡人中之佼佼者。」

【原典精華】

明旦，大陳兵馬臨雒②水，令盆子君臣列而觀之。帝謂樊崇等曰：「得無悔降乎？朕今遣卿歸營，勒兵鳴鼓相攻，決其勝負，不欲強相服也。」

徐宣等叩頭曰：「臣等出長安東都門，君臣計議，歸命聖德。百姓可與樂成，難

①東隅：早晨太陽在東邊牆頭。桑榆：傍晚太陽在西邊桑、榆樹梢。失之東隅，收之桑榆：早晨失去的，黃昏又得回。

②雒：同「洛」。

與圖始，故不告眾耳。今日得降，猶去虎口歸慈母，誠歡誠喜，無所恨也！」

帝曰：「卿所謂鐵中錚口③，傭④中佼佼者也。」

——《資治通鑑．漢紀三十三》

赤眉投降了，可是赤眉大軍向東流竄後，關中地區卻一時呈現權力真空，於是在地變民軍各自據地，每個都自稱將軍，相互攻伐，黃金一斤只能買到黃豆五升，百姓苦不堪言。劉秀將馮異留在關中，收拾亂局，自己領軍回到河南。馮異將大軍推進到上林苑，關中變民軍組成聯軍與他決戰。馮異大破聯軍，將首領送去洛陽，命變民回返家鄉，各自回到本來的行業。（完全遵照光武帝指示處理）

③錚口：刀劍的鋒口係精鋼質地。
④傭：同「庸」。

55、有志者事竟成

原本齊地的最大變民集團是赤眉，赤眉西向進攻長安，勢力真空很快就被琅邪郡（山東諸城）變民首領張步填補。張步志不在小，所以之前一直沒有加入赤眉，始終維持自己的獨立性。

玄漢政權的琅邪郡太守王閎招降郡內變民，只有張步拒不接受。王閎在招降六個縣的變民之後，集結兵力，進攻張步，但不能取勝。後來，玄漢政權的梁王劉永（根據地睢陽）自立稱帝（國號也是「漢」），詔封張步為輔漢大將軍。張步接受，以「輔漢」為號召，招兵買馬，連陷數城，打得王閎無力招架。

王閎不忍讓人民繼續受戰爭之苦，決定停戰，於是親自到張步營中求見。張步大張旗鼓，展示盛大軍容，氣燄高張的對王閎說：「我犯了什麼罪，閣下之前要如此相攻過甚？」

王閎一手按劍，說：「我身為太守，奉朝廷之命治理地方，閣下卻擁兵抗拒朝廷。我只是奉命剿匪，說什麼過甚？」

張步聞言，向王閎致歉，留他下來宴飲，待為上賓，仍請王閎掌理郡內政務。

【原典精華】

閎力不敵，乃詣步相見。步大陳兵而見之，怒曰：「步有何罪，君前見攻之甚！」閎按劍曰：「太守奉朝命，而文公①擁兵相拒，閎攻賊耳，何謂甚邪！」

——《資治通鑑．漢紀三十二》

之後，劉秀在河北稱帝，東漢的虎牙大將軍蓋延攻陷睢陽，劉永出亡。劉秀派太中大夫伏隆持節出使山東，招降名義上隸屬劉永的各個割據勢力。張步也派出代表，隨伏隆前往洛陽輸誠。劉秀擢升伏隆為光祿大夫，再派他出使張步，宣達任命張步為東萊太守。

可是，逃亡在外的「漢帝」劉永，卻派出使節封張步為齊王。張步受到王爵的誘惑，一時不願表態支持劉秀，也有向東漢索求「齊王」的意思。

伏隆對張步說：「高祖曾訂下規矩，非劉姓不封王。朝廷最多可以封你十萬石的侯爵。」

張步當然不滿意於「十萬石侯」，乃要求伏隆留下來，跟他合作，一同割據青州、徐州。伏隆不同意，乃被張步扣留。

在此之前，伏隆已經派人送密奏給劉秀，分析張步要的是齊王，必定不可能歸附。自己不惜一死，懇求劉秀照顧他的父母兄弟。

劉秀見到密奏，召見伏隆的父親伏湛，拿密奏給他看，流著淚說：「我恨不得立刻封張步為齊王，以讓伏隆生還。」

但是，劉秀並未封張步為齊王，伏隆乃被張步處死。後來，劉永被自己的部將慶吾殺死，慶吾割下劉永人頭向東漢投降，但事實上齊地山東、蘇北仍是軍閥割據狀態。

劉秀派耿弇率軍東征，耿弇首先面對的是齊王張步手下大將軍費邑。當時費邑駐軍歷下，他的弟弟費敢駐守歷下西邊的巨里城。

耿弇先將大軍壓向巨里，下令軍中「準備攻城械具，三日後全力進攻」。然後暗中讓部分俘虜逃走，這個「情報」乃傳至費邑耳中，費邑果然在三日後，親自率領三萬精兵前來救巨里城，想要內外夾擊耿弇。

①文公：張步字文公。

耿弇接獲探馬來報，喜上眉梢，對將領說：「我下令準備攻城械具，就是要誘費邑來。如今他來了，我們不攻擊他的野戰軍，難道還去攻城？」這句話是依循《孫子兵法》「上兵伐謀，其次伐兵，其下攻城」，費邑不來，只能攻城，既然來了，正中耿弇下懷。

耿弇下令三千人在巨里城外布陣佯攻，自己率領精銳部隊在山岡坡後埋伏。等費邑軍到，伏兵自高處衝下，大破齊軍，當陣斬殺費邑，向城中展示人頭，城中立刻瀰漫恐懼氣氛，費敢棄城突圍，逃奔張步。

接下去，耿弇大軍指向齊王張步。當時，張步的都城在劇縣（山東省樂昌縣），他的弟弟張藍率精兵二萬人駐守西安（臨淄城西方），齊王張步任命的諸郡太守，統各郡變民軍萬餘人守臨淄城，西安與臨淄兩城相距四十里。

耿弇大軍推進到西安、臨淄中間的畫中（地名），視察兩城，發現西安城小而堅，張藍手下都是精銳部隊。相反的，臨淄城雖負盛名，城又大，但由於城內是雜牌軍，反而容易攻破。於是下令：全體將校五天後會合，向西安城發動總攻擊。張藍接獲情報，日夜戒備。

日子到了，夜半，耿弇下令全軍在營帳中用餐（若在外面開飯，遠處會望到炊事火光，曉得漢軍準備吃飽攻擊），天色微明，大軍已推進到臨淄城下！

護軍荀梁向耿弇力爭，認為：「攻臨淄，西安必然來救，我們將腹背受敵；攻西安，臨淄不會來救（因諸郡民兵群龍無首）；不如攻西安。」

耿弇說：「不對。西安現在正加強戒備，擔憂自己受攻，哪有餘暇救人？臨淄城中沒有準備，突然面對大軍，必定驚擾慌亂，我軍可以一天之內攻克臨淄城。拔了臨淄，西安陷入孤立，我們切斷它與劇縣的交通，城中守軍一定會棄城，這正是所謂『一箭雙鵰』之計。如果先攻西安，一時攻不下來，大軍被困在堅城之下，死傷必定大增；即使攻下西安，張藍帶領人馬進入臨淄，兩城兵力合併，坐在城中監視我們。我軍深入敵境，運輸線綿長，一旦接濟不上，不出十天、半月，就會陷入困局。」

於是下令進攻臨淄，只花了半天就攻克，大軍入城。張藍聞報，棄城逃往劇縣。耿弇下令：禁止虜掠，揚言「等張步到來，一起取用」。

張步接獲探馬報來耿弇的狂言，大笑說：「尤來、大彤等十餘萬人軍隊，我都殺到他們營壘前，將他們摧毀。耿弇的兵力比他們少得多，而且遠來疲憊，我難道還怕他不成？」召集三位弟弟與將領，動員大軍，號稱二十萬人，浩浩蕩蕩開往臨淄城。

耿弇上書報告戰術：「我將深溝高壘以待張步，他的軍隊從劇縣行軍而來，既疲勞又飢渴。他若前進，我將引誘他深入後予以痛擊；他若想要撤退，我將緊咬追擊。我軍以逸待勞、以實擊虛，十天半個月之內，可以將張步腦袋摘下。」

耿弇依既定戰術，在淄水河畔布陣，先遭遇前「大彤」將領重異，上谷「突騎」（耿弇的嫡系打擊部隊）想要衝鋒，耿弇怕嚇跑了張步，要他們稍安勿躁，並下令「轉進」臨淄小城，在城內編組戰鬥隊形，另派將領在城外列陣。

張步只看到城外的小部隊，下令大軍攻擊。耿弇在城上觀察戰況，等待時機，親率上谷突騎攔腰攻擊張步，獲得重大戰果。

戰鬥中，流矢射中耿弇大腿，耿弇抽出佩刀，切斷箭桿，左右都不知道大將中箭負傷。這一仗，雙方殺到天黑，各自收兵，隔一天，耿弇仍然親自領軍出戰。

劉秀當時駐軍魯城（山東曲阜），接獲戰報，親自領軍前往臨淄支援。援軍尚未到達，幕僚建議耿弇閉營休士，等皇帝大軍到來，耿弇說：「皇上駕到時，我們當臣子的，理當殺牛、供酒迎接，豈可將賊子留給皇上操心？」於是再發動攻擊，從早上殺到黃昏，再度大破齊軍，溝渠塹壕都填滿了屍體。

耿弇預料，張步受到重創，會脫離戰場，因此在左右兩翼埋下伏兵。入夜，張步果然趁夜撤退，伏兵突起攻擊，一路追殺八、九十里，沿途屍橫遍野。張步逃回劇縣，三個弟弟各自帶領人馬散走。

數日後，劉秀抵達臨淄，親自勞軍，並在群臣大會上表揚耿弇：「從前，韓信攻破歷下，打破楚漢僵局，奠定漢朝基業；而今，將軍攻破祝阿，為統一大業奠下良基。這兩地都是故齊國的西境，你倆的功業也足堪比擬。而韓信是襲擊已經投降的敵人，將軍卻是力戰摧毀勍敵，比起韓信更為艱難……。將軍從前在南陽時，就曾提出平齊的大戰略，只因形勢變化而未能實施，因此難免落落不得志。如今能夠一展抱負，誠所謂有志者事竟成啊！」

【原典精華】

帝謂弇曰：「昔韓信破歷下以開基，今將軍攻祝阿以發跡，此皆齊之西界，功足相方①。而韓信襲擊已降，將軍獨拔勍敵，其功又難於信也。……將軍前在南陽，建此大策②，常以為落落難合，有志者事竟成也！」

——《資治通鑑．漢紀三十三》

耿弇繼續掃蕩，張步和三個弟弟都投降，齊地完全平定。

①相方：相比擬。
②建此大策：耿弇最早提出「平齊策」。

56、非但君擇臣，臣亦擇君

劉秀自己平定河北，馮異與寇恂平定河南，耿弇平定山東，馮異又收拾了關中。至此，劉秀已經掌握天下十之八九，只剩西方還沒平定。

西方有二雄：割據隴右（甘肅南部）的軍閥隗囂與割據四川的成家皇帝公孫述。

更始稱帝那一年，新莽內部發生未成功的政變（事見第四十二章），隴右豪族隗崔、隗義聚集同志起義，襲殺地方官，打起「滅莽興漢」旗幟。

豪族與變民作風不一樣，不會個個搶當首領，隗氏推出族中名聲最好的隗囂為領袖，而隗崔、隗義甘願做為隗囂的屬下。隗囂的稱號是「上將軍」——因為他知道天下人心思漢，所以不稱帝也不稱王。隗囂敦請夙負盛名的方望為軍師，方望建議隗囂放置漢高祖劉邦的祭廟，盛大祭祀高祖、文帝、武帝。隗囂等自稱「臣」，斬馬宣誓效忠劉氏、恢復漢室，然後向甘肅各郡、國發出文告，聲討王莽，一時集結十萬之眾。等到更始稱帝，王莽敗死，隗囂乃響應玄漢。

更始皇帝入關，隗家班前往長安宣示效忠，劉玄封隗囂為御史大夫。張卯陰謀叛變時（事見第五十二章），拉攏隗囂參與。劉玄聲稱有病，不參加大祭，反召張卯、廖湛等入宮，當時隗囂感覺不對勁，就沒有一同入宮。及至張卯等殺出皇宮，隗囂也逃回天水（今甘肅省天水市）。

回到天水，隗囂集結舊部，重振聲勢，自稱西州上將軍（西州指關中之西，以示不稱帝，仍屬漢家正統）。三輔的士大夫因赤眉入關，大批逃難到隴右，隗囂禮賢下士，親切接待，不自恃身分，折節下交，網羅其中優秀人士為幕僚。

之後，鄧禹「驅狼趕虎」時，隗囂曾配合攻擊更始，赤眉出長安，流竄到隴右，被隗囂派兵擊退。光武帝劉秀派來歙出使隴右，隗囂也派出使節去洛陽友好訪問。劉秀給隗囂的書信，稱呼都採對等字眼，等於承認隗囂是一方之主。

東漢平定河南，隗囂派出手下最優秀人才馬援，出使成家皇帝公孫述。馬援跟公孫述小時候是鄰居，馬援去到成都，公孫述大陣仗歡迎，要封馬援為侯、拜為大將軍。馬援隨行的賓客都私下高興，但馬援對他們說：「天下未定，公孫述不但不禮賢下士，還擺出皇帝的架子，如同一個巨大人偶，這種人何足依靠？」回到涼州，對隗囂說：「公孫述是個井底蛙，不如專心事奉東方（劉秀）。」

於是，隗囂再派馬援「往觀」劉秀。

劉秀完全不擺架子，在洛陽宣德殿南邊的走廊下接見馬援，卻只在頭上包了幘巾（儒士裝束），坐在席上，笑著說「閣下遨遊二帝之間，今日相見，令人慚愧」，意思是「你先去看公孫述，然後才來我這裡，顯然有先後輕重之別，令我慚愧」。

劉秀有什麼好慚愧的？其實那是以退為進的客套話。他有情報得知馬援去過了成都，而且儀式隆重、場面盛大，公孫述肯封馬援為侯，而他「給不起」——馬援是隗囂的部屬，封馬援為侯，隗囂自然得封王，可是劉秀以漢室正統自居，謹記高祖劉邦教訓，打死不封異姓為王，他之前不肯封張步為「齊王」，又豈肯封隗囂為「涼王」？所以一方面刻意做出與公孫述截然相反的風格，口頭上不能不為禮數上的「寒酸」慚愧一下。

馬援是當世英雄人物，只是沒有稱王、稱帝的機運而已。這一場會面，堪稱當世兩大高手過招。劉秀稱帝，但努力放低姿態；馬援是使者身分，叩首拜謝，但卻說出了曠世名句：「處在今日的國際局勢之下，不只是君主選擇臣子，臣子也選擇君主啊！」

【原典精華】

賓客皆樂留，援曉之曰：「天下雌雄未定，公孫不吐哺①走迎國士，與圖成敗，反修飾邊幅，如偶人形，此子何足久稽②天下士乎！」因辭歸，謂囂曰：「子陽，井底蛙耳，而妄自尊大！不如專意東方。」

……

帝在宣德殿南廡下，但幘③、坐、迎笑，謂援曰：「卿遨遊二帝間；今見卿，使人大慚。」

援頓首辭謝，因曰：「當今之世，非但君擇臣，臣亦擇君矣！」

——《資治通鑑．漢紀三十三》

馬援回到涼州，隗囂問：「東方（劉秀）怎麼樣？」馬援說：「開誠布公作風如漢高祖劉邦，博學能幹則前世無人可比。」意思是劉秀比劉邦還優秀。隗囂內心不服，但是因此而在公孫述與劉秀之間，選擇傾向劉秀。剛好，公孫述發動大軍進攻關中，被東漢征西大

①吐哺：周公禮賢下士時，吃一頓飯，三次將口中食物吐出，求才的優先性高於一切。
②稽：用法同「羈」。久稽天下士：留住天下人才。
③幘：音「則」，文士包頭髮的方巾。此出做動詞用，意謂不戴皇冠，只包頭巾。

將軍馮異痛擊。這時，隗囂派出軍隊協助馮異，算是「西瓜偎大邊」。

劉秀親自寫信向隗囂表示感謝，說：「將軍位處關鍵所在，向南抵擋公孫述，向北鎮壓羌人與匈奴，而馮異全靠你的支援才能在三輔立足。若沒有將軍相助，恐怕長安早就被他人占領了！……願我倆友誼永固，如管鮑之交。今後我倆都以親筆信件來往，免得他人挑撥離間。」

57、竇融

隗囂對馬援評論「劉秀強過劉邦」心中不爽，就去問另一位重要幕友班彪：「從前，周朝滅亡以後，戰國諸侯相爭好幾個世代，天下才定於一。你認為，合縱連橫的故事，會不會歷史重演？還是仍會由一家完成統一？」

隗囂的問題，其實是考班彪，問他對天下大勢的看法，認為當前應該維持割據，發揮合縱連橫功夫？還是應該爭勝天下？

班彪說：「周朝的興亡跟漢朝的興亡完全不一樣。周朝是封建制度，諸侯各自為政，……才會形成合縱連橫。漢朝沿襲秦朝制度，任何一個封國都沒有百年以上的統治基礎，……因而這十幾年內的動盪，群雄並起，莫不假借劉姓名號，……所以人心所向，仍然是漢朝劉氏。」

隗囂仍不服氣，說：「先生對周朝、漢朝的差異分析，我完全同意。可是對時下愚人迷信劉氏，認為漢朝必將復興，我卻不能苟同。當年秦失其鹿，劉季原本只是個癟三，最終卻由他統一天下，那時候的老百姓，難道也人心思漢嗎？」

隗囂一貫自我定位為漢臣，如今對劉邦不稱「高帝」，而稱「劉季」，看得出他對「人心思漢」大勢的惱怒與無奈。

【原典精華】

囂曰：「生言周、漢之勢可也，至於但見愚人習識劉氏姓號之故，而謂漢復興，疏矣！昔秦失其鹿，劉季①逐而以掎②之，時民復知漢乎？」

——《資治通鑑．漢紀三十三》

班彪仍然企圖勸隗囂不要一意孤行，就撰寫一篇〈王命論〉，大要為：

> 世俗但見高祖從一介平民當上皇帝，不明白箇中道理，乃至於將爭天下比喻為逐鹿，腳快的僥倖先得。其實是天命所歸，不是人力可以扭轉。英雄豪傑應該領悟天命所歸，不

要逆勢而為，則福澤乃能流傳給子孫，自己也得保平安。

隗囂無法接受班彪這套理論，班彪於是離開天水，前往河西，投奔竇融。

竇融又是何許人？竇融的祖先世代都在河西諸郡當官，成為河西大族巨室。他曾私下對兄弟說：「天下治亂難以預料，河西四郡殷實富足，既有黃河為屏障，又有一萬餘精銳騎兵，萬一天下情勢有變，足以自保，這是咱們家族可以安身立命的地方。」

玄漢政權進入長安，竇融運用關係，做了張掖屬國（屬地包括河西四郡）的都尉，掌握軍隊調度實權，與河西諸郡太守、西羌諸部深為結交。因此在玄漢政權滅亡後，得到地方各股勢力擁護，推舉為「行河西五郡大將軍事」，轄武威、金城、張掖、酒泉、敦煌五郡。

隗囂心中對「劉氏獨尊」開始排斥，心中起了「大念」，首先要拉攏的就是竇融。他派張玄前往遊說竇融，站在竇融的立場分析：「之前劉玄雖然已經建立了大業，但旋即滅亡，這是『一姓不再興』（劉氏不能復興）的證明。以目前的形勢，若太早認定主子，難免受到他的拘束制約，失去自己的權柄，甚至將來隨著他滅亡，後悔莫及。而今天下英雄

①劉季：劉邦排行老三，年輕時，鄉人都稱他劉季。
②掎：音「幾」，摘取。

豪傑正逐鹿競爭，雌雄未決，我們的正確戰略，是鞏固自己的根據地，跟隴（隗囂）、蜀（公孫述）合縱。運氣好的話，天下再度分裂，我們可以成為六國之一；運氣不好的話，至少也可以割據一方，當一個南越王趙佗。」

這是一個大戰略，竇融召集幕僚商量。有人主張認定劉秀，但也有人反對，莫衷一是。竇融內心是傾向東漢的，於是派出使節張鈞，帶著奏章（交心表態）前往洛陽。

就那麼巧，劉秀也派出使節前往河西，路上相遇，乃一同前往洛陽。劉秀盛大招待張鈞，再命張鈞回去覆命，並帶去一封璽書，說：「當前大勢，益州有公孫述、天水有隗囂，如果東西發生戰爭，閣下就有舉足輕重的分量，幫哪一邊都有無可計算的強大影響。將軍想要建立齊桓公、晉文公的霸業（尊王攘夷，意指支持劉秀），抑或鼎足之分、合縱連橫，也應早日有所決定。天下尚未統一，你我遠隔絕域，並非相吞之國。料想必定有人向閣下提出當年趙佗在南越獨立的計謀，但是君王只能分割土地，不能分割人民，請閣下仔細評估，決定動向。」

這份璽書到達河西，竇融的幕僚重臣個個大吃一驚，認為劉秀真是英明，居然料中了千里之外發生的狀況（張玄以趙佗之例遊說竇融），於是鼓勵竇融接受東漢冊封為涼州牧，一心歸附東漢。

58、神龍失勢，與蚯蚓同

隗囂自視甚高，常自比「西伯」，也就是周文王。易言之，他雄踞西戎，每天做著「天下歸心」的夢，卻始終猶豫不決。

他的一位高級幕僚鄭興向他分析：「從前周文王已有天下三分之二的諸侯歸心，仍向殷王朝表示順服；周武王在孟津會合八百諸侯，猶退兵等待時機；高帝入了關中，仍以沛公行事（不稱王）。如今大人雖恩德已著，但並非有周王室的累世經營基礎，也沒有高帝的赫赫戰功，卻想要去做辦不到的事情（稱帝），那樣只會加速災禍降臨，萬萬不可！」

隗囂內有這些反面意見，外有竇融牽制，於是暫擱稱帝大夢，但是對這些逆耳忠言非常不爽。等到劉秀平定齊地，隗囂心情受到衝擊，就把長子隗恂送去洛陽當人質。劉秀任命隗恂為胡騎校尉，封鐫羌侯。

趁隴右與洛陽之間氣氛良好，鄭興把握機會，請求返回故鄉，安葬父母。隗囂起初不准，經不住請求，終於批准。而馬援也趁機攜家帶眷，連同家中賓客，一起去了洛陽。

另一位重要幕僚申屠剛勸諫：「漢（劉秀）已經得到天下人心歸附，皇帝詔書不斷頒下，一再表示願與將軍有福同享、有禍同擔。將軍你害怕什麼？又貪圖什麼？一直遲疑不決！一旦發生突變，對上不忠不孝，對下慚愧一生。我忠言已盡，懇請三思我這個老人的愚昧意見。」

但隗囂仍然不聽。於是，投奔隗囂的關中流亡知識分子，逐漸離去。

這下子，隗囂身邊漸漸只剩下主張獨立稱帝的人，其中以王元的意見為典型：

「之前，更始定都長安，四方響應，天下咸稱自此太平。卻想不到玄漢政府剎那崩潰，將軍幾乎沒有立足之地。如今南方有公孫述，北方有劉文伯（另一位「漢帝」，本名盧芳，假稱姓劉），天下稱王稱公者還有十數人。如果聽那些書呆子的言論，放棄自己能夠掌握的千乘（指列國）基礎，去投靠一個風險仍高的王朝，以為可以獲得保全，這不是重蹈上次的覆轍嗎？

「如今天水富饒，士強馬壯，用一顆泥丸封住函谷關，這是建立萬世基業的大好時機。即令不發動大軍東征，且暫時蓄養士馬，據險自守，等待天下有變。這樣，當不王，也可以稱霸。重點在於，魚不可以脫離深淵，神龍若失去憑藉，跟一條蚯蚓沒兩樣！」

【原典精華】

（王元）說囂曰：「昔更始西都，四方響應，天下喁喁①，謂之太平；一旦敗坯②，將軍幾無所措。……而欲牽儒生之說，棄千乘之基，羈旅危國以求萬全，此循覆車之軌者也。……圖王不成，其敝猶足以霸。要之，魚不可脫於淵，神龍失勢，與蚯蚓同。」

——《資治通鑑．漢紀三十三》

隗囂拿不起、放不下，劉秀卻不容許他繼續以拖待變，詔令他率軍南下攻擊公孫述。隗囂上書說：「蜀道難，且大部分已經壞朽，進軍困難。聽說公孫述作風嚴酷，成家帝國上下猜忌，不如等他惡貫滿盈再發動攻擊，將可勢如破竹。」

劉秀確認了隗囂的立場，決定以武力解決。派出耿弇、蓋延、寇恂、祭遵、吳漢等，一共七路大軍，同時派來歙前往天水，提出最後通牒。這個節骨眼上，最難自處的就是馬援。他不能不表態，於是上書劉秀，請求前往關中，向劉秀陳述消滅隗囂的方略。

①喁：音「ㄩㄥˊ」。喁喁：眾口一辭。

②敗坯：燒陶先做泥坯。更始稱帝後敗亡，猶如陶未燒，坯已壞。

劉秀召見馬援，聽取他的作戰計畫後，撥給他五千突騎，往來遊說隗家軍的將領高峻、任禹等，以及諸羌部落首領，向他們分析禍福利害。東漢將領每次遭遇問題，都向馬援請教，由於馬援熟悉隴右內情，問題都得解決，因此諸將對馬援都非常敬重。

另一方面，河西的竇融寫信勸隗囂千萬不可讓「百年基業，毀於一旦」。隗囂當然不會理他，於是竇融象徵性的出兵，沿著黃河展示了一下武力，主力並未出動。而劉秀認為這樣就夠了，下令修飭竇融父親的墳墓，以太牢祭祀，不斷派出使節賞賜竇融——這是一種心戰行動，持續對隴右製造壓力。

隗囂見戰事不利，使出緩兵之計，寫信給劉秀說：「……如今我的生命掌握在朝廷手中，要我死就死，加我刑我就服刑。若蒙寬恕，讓我有機會洗心革面，我死了也感謝！」

劉秀看穿隗囂完全沒誠意，回信說：「閣下如果現在束手就擒，並且再送一個人質來洛陽（之前已經有一子隗恂為人質），則可保閣下官爵俸祿。我年將四十，在兵馬中度過十個年頭，厭惡虛辭浮語。如果閣下不同意，就不必回信了。」劉秀的意思很明白：要就投降，否則不必浪費時間，也不容隗囂以此拖延。

隗囂發覺緩兵之計無效，乃派出使節，向公孫述稱臣。公孫述封隗囂為朔寧王，派出軍隊支援。

59、得隴望蜀

隗囂成為成家帝國的朔寧王，令曾經多次出使隴右，斡旋雙方關係的來歙面子上掛不住，因此請命率領奇兵突襲。光武帝劉秀撥給他二千餘人。這支奇兵翻山越嶺、披荊斬棘，穿越山區直襲略陽，斬殺守將金梁。隗囂大為震驚：「怎麼可能如此神速？」

東漢將領吳漢等聽說來歙奪了首功，爭著要率軍西進。劉秀認為，隗囂突然失去險阻，最重要的戰略城池略陽陷落，勢必動員最精銳的部隊反擊。等到朔寧軍師老無功，官兵疲憊，那時候才是發動總攻擊的時機。因此，下令吳漢等回軍。

果然，隗囂親率大軍數萬人，包圍略陽，公孫述派來的援軍也加入戰鬥。聯軍從山上挖掘石頭，建築堤壩，企圖攔住河水淹沒略陽。來歙率二千餘人誓死固守，箭射盡了，就拆除民房，搜括木材竹片，製作武器。結果，隗囂全力進攻一個多月，仍攻不下略陽。

劉秀估計隗囂已經師老兵疲，乃親率大軍出擊。多數將領勸諫「帝王不該進入遠險山區」，劉秀有點猶豫，於是召來馬援徵詢意見。馬援指出：「隗囂軍隊正有土崩瓦解的趨勢，此時大軍壓至，必可擊破勍敵。」馬援當場用米粒堆出山谷河川地勢（原始的沙盤推演），戰區地勢盡在眼底，分析進軍路線十分清晰。劉秀說：「好了，隗囂已在我掌握之中。」

河西的竇融也率軍前來會合，聯軍沿著隴山前進。劉秀在過去一段時間的拉攏工作開始出現效果，朔寧大將十三人、屬縣十六個、部隊十餘萬，陸續倒戈。

連番不斷的探報傳來，隗囂在震駭中拋下軍隊，只帶著妻子、兒女和少數衛士，投奔屯駐西城（天水西南）的大將楊廣。

劉秀繼續進軍，並下詔給隗囂（已經不再用私人書信對等看待）：「你若放下武器，前來歸附，父子還可相見，我保證你沒事。但若一定要當英布，你自己負責。」隗囂到了這個地步，當然不可能投降，於是劉秀下令誅殺人質隗恂。

但是就在勝利即將到手之際，後方卻發生巨變：潁川盜賊聚眾造反，河東軍隊叛變，兩地距洛陽各只有大約一百一十公里，首都洛陽受到嚴重威脅。

劉秀即刻東返，日夜兼程。來不及當面交代，只能以書信訓示諸將：「如果攻下兩城（隗囂只剩下上邽與西城，攻下兩城，意味著隴右平定），就乘勢南向進攻公孫述。人，總是不能以現狀為滿足，既然平定隴地，當然要望向蜀地。每次決定要出兵，髮鬚都為之發白！」

【原典精華】

帝自上邽①晨夜②東馳，賜岑彭等書曰：「兩城若下，便可將兵南擊蜀虜。人苦不知足，既平隴，復望蜀。每一發兵，頭須③為白！」

——《資治通鑑．漢紀三十四》

劉秀趕回洛陽，以寇恂為先鋒，御駕親征潁川，變民全部投降。可是東邊變民才平定，西邊戰事又陷入膠著。吳漢與岑彭等遭遇挫敗，退回關中，安定、北地、天水、隴右再回歸隗囂。

然而，變化來得極快，隗囂因之前的挫敗而病倒，懊悔與憤怒交織，終至一病不起。大將王元、周宗擁立隗囂的小兒子隗純，據守冀縣繼續抵抗，但終究難挽頹勢，被來歙等攻破冀縣。將領們「獻出」隗純，隴右平定，只有王元逃奔公孫述。

①上邽：位在天水東南。
②晨夜：不分晝夜。
③須：同「鬚」。頭須：頭髮與鬍鬚。

60、公孫述

隗囂兵敗逃離天水時，成家軍隊也撤退回蜀地。公孫述知道馬上就會遭到東漢攻擊，決定先發制人，派出大軍數萬人，向東攻擊夷陵（今河北宜昌），進據荊門山、虎牙山（都在湖北）。沿長江布防，陸路興築碉堡、城樓，水路則以大木巨石阻斷船舶航道。而東漢的征蜀遠征軍則兵分二路：來歙與蓋延由甘肅南下，岑彭與吳漢循長江西上。

公孫述的來歷必須有個交代。他原本是新朝政府任命的導江郡（郡治臨邛，今成都）長，一向以才幹聞名於世。當天下大亂時，公孫述治下仍能維持一片淨土。

大約與隗氏聚眾起義同時，漢中地區起義軍領袖宗成、王岑，打著玄漢旗號，集結數萬人，擊斬益州牧宋遵——亂事已經到了公孫述的轄區，於是他做出決定，迎接宗成、王岑共商大計。

可是，宗、王率領的變民軍到了成都，與玄漢諸將一般，橫暴虜掠。公孫述對郡中豪傑壯士說：「天下人不堪新朝政府暴政，懷念漢朝政府的日子，所以一聽說漢將軍來到，奔走相迎於途。而今又如何？人民是無辜的，妻子兒女卻受到凌辱。這些傢伙根本不配稱為義軍，根本是強盜！」

於是，派人假冒玄漢帝國的欽差大臣，帶著印信，任命公孫述為輔漢將軍，兼蜀郡太守，又兼益州牧。公孫述在得到「正式任命」之後，起兵擊斬宗成、王岑，兼併他們的軍隊。從此，公孫述割據蜀地，與中原的逐鹿戰局不發生關係；赤眉滅了玄漢，公孫述順勢稱帝。

公孫述雖然沒有統一天下的本事，可是既然稱帝了，就百般想出點子，來「證明」他的確有皇帝命。

首先，他在手掌上刻文「公孫帝」。可是，人的掌紋是無法改變的。可以用刀割、用火烙，但只能留下傷痕；或許毀掉了原本的紋路，卻不能創造新的紋路。因此，歷史上並無記載公孫述向他人出示掌紋上的「天命」，顯然這一招未能收效。

之後，他對外宣稱自己就是「當塗高」。這是有來歷的，西漢時期流行各種符命、圖讖，其中一個〈春秋讖〉上有一句「代漢者，當塗高也」，於是人們言之鑿鑿，將來取代漢朝的真命天子，就是「當塗高」。

公孫述甚至寫信給劉秀，自陳他上應符命。

劉秀回信，說：「圖讖上面說，『公孫』要當皇帝，那個『公孫』已經驗在漢宣帝；而取代漢朝的人，姓當塗，名高，閣下難道是當塗高的化身？閣下還將你的詭異掌紋當做祥瑞，這些都是王莽搞過的把戲，又怎能仿效呢？閣下並不是我的亂臣賊子，只不過處在亂世，人人都想稱王而已。閣下年歲已大，妻兒卻還小，應該早點兒為他們打算啊！天子之位是上天應許，不可以強求的，請閣下三思而行。」信封上的稱謂是「公孫皇帝」，公孫述則沒有回覆。

【原典精華】

帝與述書曰：「圖讖言公孫，即宣帝也；代漢者姓當塗，其名高，君豈高之身邪？乃復以掌文①為瑞，王莽何足效乎！君非吾賊臣亂子，倉卒時人皆欲為君事耳。君日月已逝，妻子弱小，當早為定計。天下神器②，不可力爭，宜留三思！」署曰「公孫皇帝」，述不答。

——《資治通鑑．漢紀三十四》

正如馬援所說，公孫述是個志大才疏的角色，學到了王莽的皮毛，就想稱帝。如今漢軍攻來，可不是圖讖、掌紋可以抵擋得了的。

①文：同「紋」。
②神器：大禹做九鼎，成為政權正統象徵。之後，「鼎」、「神器」都是政權的代詞。

61、刺殺來歙、岑彭

來歙與蓋延自北向南（也就是最難走的「蜀道」）進攻，大破蜀軍。公孫述恐慌，派出刺客，潛入漢營，暗殺來歙，刀中要害，但未立即死亡。

來歙命人緊急召喚蓋延，而蓋延看見凶刀仍在來歙身上，為之慘然，伏地悲痛，不能抬頭。

來歙罵他：「你身為虎牙大將軍，怎麼這般孬種？我被刺客擊中，無法繼續報國，所以急忙召喚你來，要交代軍國大事，你卻像個小兒女一樣哭個沒完！凶刀雖然還插在身上，難道我不能下令斬你嗎？」

蓋延強忍淚水，起身聽命。來歙交代完畢，再親自寫奏章，說：「我入睡之後，被賊人行刺，傷中要害。我死不足惜，只恨任務不能完成。」

寫完，丟下毛筆，抽出身上凶刀，當即氣絕。

【原典精華】

蜀人大懼，遣刺客刺歙，未殊①，馳召蓋延。延見歙，因伏悲哀，不能仰視。歙叱延曰：「虎牙何敢然！今使者中刺客，無以報國，故呼巨卿②，欲相屬③以軍事，而反效兒女子涕泣乎！刃雖在身，不能勒兵斬公邪！」延收淚強起，受所誡。歙自書表曰……，投筆抽刃而絕。

——《資治通鑑．漢紀三十四》

來歙死了，劉秀只得親赴西線，坐鎮長安，指揮北線軍事。南線方面，岑彭一路過關斬將，乘勝推進。晝夜不停，急行軍二千餘里，攻下武陽（今四川彭山，距成都六十公里），再派出精銳騎兵，襲擊成都東南的廣都，勢如狂風暴雨，當者披靡。公孫述原本聽說漢軍在平曲，派延岑率大軍正面迎敵，及至聽說岑彭竟然

①殊：絕。未殊：未能致死。
②巨卿：蓋延字巨卿。
③屬：通「囑」。

繞過延岑大軍，直撲成都，以手杖擊地，說：「怎麼可能如此神速！」

劉秀寫信給公孫述，分析禍福，再提出保證其安全。公孫述對著來信嘆息，並拿給左右親信傳閱。親信勸他投降，公孫述說：「要興要廢，都是天命，豈有投降的天子！」左右聞言，乃不敢再勸說。

【原典精華】

帝與公孫述書，陳言禍福，示以丹青之信。述省書①太息，以示所親。太常常少、光祿勳張隆皆勸述降。述曰：「廢興，命也，豈有降天子哉！」左右莫敢復言。

——《資治通鑑．漢紀三十四》

公孫述故技重施，再派出刺客，假裝是逃亡的奴僕，向岑彭投降。夜裡，伺機刺殺岑彭。隨後跟進的吳漢趕到，接收軍隊，繼續進攻。

①省：讀音「醒」，檢視。書：信。

62、成都大屠殺

吳漢一路挺進，勢如破竹，攻陷廣都，輕騎兵更火燒成都「市橋」。蜀軍瀰漫恐慌氣氛，日夜都有人叛逃。公孫述使出恐怖手段，屠殺叛逃將領全家，仍無法阻止大批將領叛逃。

劉秀一心要公孫述投降，再次下詔公孫述：「不要把來歙、岑彭兩人被刺的事情掛在心上。如今投降則宗族得以保全，我可不會常常寫信給你。」可是他愈是如此強調，公孫述愈是擔心，一旦投降會遭報復。

劉秀告誡吳漢：「成都還有十餘萬軍隊，不可輕敵，你只要堅守廣都即可，不要與敵人決戰。步步為營，向他施加壓力，等待他力竭，乃可以出擊。」

可是吳漢不聽命令，親自率領二萬步騎混合兵團，進逼成都，在距城十餘里處，渡過錦江，在北岸紮營，搭建浮橋，命副帥武威將軍劉尚率一萬餘人在南岸駐紮。兩軍相距二十餘里，相望卻不相及，因為隔著一條河。

劉秀得到報告，大驚，急忙下詔責備吳漢：「我才千言萬語囑咐你，為什麼事到臨頭卻頭腦不清楚？既深入敵境，又與劉尚分開，一旦有事，你倆要如何照應？敵人若出兵牽制你，然後以主力攻擊劉尚，劉尚一破，你也敗了。趁還沒發生，趕快退回廣都。」

詔書還沒到，公孫述已經行動，派一萬餘人牽制劉尚，主力大軍十餘萬人，分作二十餘營，向吳漢展開總攻擊。吳漢酣戰一日，兵敗，退回營壘，被團團包圍。

吳漢召集將領，激勵士氣，要他們奮力突圍，到南岸與劉尚聯合，諸將一體應諾。於是犒賞士兵、餵飽戰馬，緊閉營門，三天不出戰，壁壘上添加旗幟，壁內維持炊煙不絕。夜裡，人馬銜枚向南撤退。蜀軍第二天才發覺，兵分二路，渡過錦江追擊。吳漢將所有兵力投入戰鬥，從早上殺到傍晚，大破蜀軍，斬殺對方主將，然後撤回廣都。

吳漢上書認罪，自此遵守劉秀訓令，與蜀軍在成都與廣都之間來往纏鬥，漢軍八戰八勝，進入成都外城。這時，北路軍隊也攻陷綿竹，進入成都平原，與吳漢會師。

公孫述無計可施，問延岑：「我們應怎麼辦？」延岑教他開放府庫，用金銀布匹募集敢死隊五千餘人。延岑帶領這支敢死隊，突襲吳漢後方，吳漢大敗，逃亡時墜馬落水，死抓住馬尾不鬆手，才脫出險境。

這時東漢遠征軍已經只剩下七天糧秣，吳漢私下吩咐準備船艦，打算撤退。南陽人張堪求見吳漢，陳述「公孫述必定敗亡，如今撤退，則失去機會」。

於是吳漢故意示弱，引誘敵人來攻。果然，公孫述親率數萬人大軍，攻擊吳漢。起初蜀軍三戰三勝，中午以後，吳漢下令預備隊反攻，蜀軍大敗，公孫述被長矛洞穿胸脯，墜落馬下，搶救入城，當晚逝世。

第二天，延岑獻城投降。吳漢兩番兵敗，自己差點陣亡，因懷恨而下令屠殺公孫述與延岑家族，長幼不留，更縱兵虜掠成都，焚燬宮殿。劉秀聞報大怒，下詔痛責吳漢與劉尚：「成都投降已經三天，官吏人民全都順服，並未抵抗。城中單單嬰兒與母親，就有一萬餘口，你們居然放縱軍隊燒殺虜掠，聽到的人都為之鼻酸。你們怎麼忍心做出這種慘事？仰頭看天，低頭視地，想想秦西巴釋放幼鹿，樂羊啜食兒子的肉羹，體會一下，他們哪一個比較仁慈？你們真是失去弔民伐罪的本意啊！」

【原典精華】

帝聞之怒，以譴漢，又讓劉尚曰：「城降三日，吏民從服，孩兒、老母，口以萬數，一旦放兵縱火，聞之可為酸鼻。仰視天，俯視地，觀放麑①、啜羹②，二者

「孰仁？良失斬將弔民之義也！」

——《資治通鑑．漢紀三十五》

雖然以屠城為收場，無論如何，劉秀的統一大業算是完成了。但是戰爭發動容易，收場卻很難。劉秀不希望自己被逼到走上劉邦誅殺功臣的老路，於是對功臣擴大封賞，采邑高於前朝，但是卻不讓他們任官，更不再執掌兵權。

鄧禹和賈復看出光武帝的用心：保護功臣的爵位與采邑，避免因犯錯而下獄、撤藩。兩人主動交出軍權，耿弇也繳回大將軍印信，大家回到家鄉當太平侯爵。劉秀於是正式下詔：所有侯爵都不兼任政府官職，但以「特進」（地位僅次三公）身分，參加朝廷會報。

因此，東漢的開國功臣，沒有一人受到誅殺或貶謫，世襲爵位有傳至十數代者。這在後來歷朝歷代皆少見，可堪媲美的只有一個宋太祖趙匡胤（唐太宗李世民因為是繼承父親，只能算半個）。

①交麑：春秋時，魯國孟孫氏打獵得到一隻幼鹿，派秦西巴帶回去烹食。母鹿跟在後頭出聲叫喚，秦西巴不忍心，放開小鹿還給了母鹿。後世以「交麑」為仁慈的代表。

②啜羹：戰國時，魏國名將樂羊率軍攻打中山國，當時樂羊的兒子正在中山國，中山君將樂羊的兒子烹了，還將肉羹送給樂羊，樂羊毫不猶豫的喝下肚去。後世以「啜羹」為不仁慈的代表。

後記

光武帝對功臣仁厚，唯一可以說是被劉秀刻意「修理」的，只有馬援。

當年馬援擔任隗囂的使者，往觀東、西二帝，他看出未來是劉秀的天下，所以後來投奔劉秀，並在征伐隗囂時獻策兼出力。劉秀平定天下之後，封馬援為伏波將軍，平定交趾（今越南河內）。

馬援班師回洛陽，劉秀派孟冀去慰勞他。

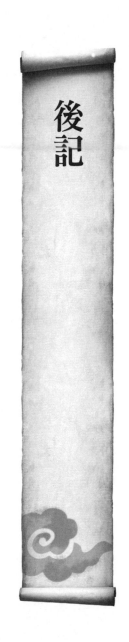

馬援說：「如今還有烏桓、匈奴等外患，我還想主動請纓前往討伐。男子漢要就死在戰場，用馬皮裹著屍首下葬，總不能躺在榻上，死在哭泣的女人和孩子群中吧！」

孟冀說：「是啊！做個爺們理當如此。」

事實上，馬援這是講給皇帝使節聽的表態之言。因為馬援的女兒嫁給了皇子劉陽，當初是貴人陰麗華的兒子。後來陰麗華立為皇后，而劉陽成了太子，馬援如果表現得飛揚跋扈，難保不引起劉秀的疑慮，擔心將來外戚弄權，尤其是如此一位功高震主的外戚。為了女兒將來順利當皇后，甚至為了將來外孫當皇帝，馬援刻意的交心表態。

自交趾班師回到洛陽三個月，馬援就自請北擊匈奴。劉秀批准了，但是這次出征無功而返。半年後，武陵（今湖南常德）蠻造反，東漢遠征軍失利。馬援再次請求出征，劉秀這次卻考慮他年紀太大，不同意。

馬援對皇帝說：「我還可以披甲上馬！」

劉秀教他做做看。馬援在馬上據鞍四顧，展現他仍能擔當重任。劉秀笑著說：「好一個精神抖擻的老漢！」於是派馬援率領軍隊四萬餘人征伐五溪。（武陵郡內有五條溪，所以武陵蠻又稱五溪蠻）

【原典精華】

馬援自交趾還，平陵孟冀迎勞之。

援曰：「方今匈奴、烏桓尚擾北邊，欲自請擊之，男兒要當死於邊野，以馬革裹屍還葬耳，何能臥牀上在兒女手中邪！」

冀曰：「諒①！為烈士當如是矣！」

……

馬援請行，帝愍②其老，未許，援曰：「臣尚能被甲上馬。」帝令試之。援據鞍顧眄③，以示可用。帝笑曰：「矍鑠④哉是翁！」遂遣援率中郎將馬武、耿舒等將四萬餘人征五溪。

——《資治通鑑．漢紀三十五》

馬援平時對晚輩總是板起面孔教訓，有一次出征前，對兩個晚輩梁松、竇固說：「一個人雖然富貴了，卻可能因為各種理由，又變得貧賤。如果你們不想要變回貧賤，就該在居高位時潔身自好。我的話，你們好好想一想！」梁松是光武帝劉秀的女婿，也就是駙馬爺，卻因此成了馬援的命中白虎星。

後來，發生一件「杜保案」，同時指控梁松與竇固跟杜保勾結為惡，控告者更引述馬

①諒：猶言「是啊」。
②愍：體恤。
③眄：音「勉」，斜著眼看。顧眄：回頭斜眼看人，有得意的味道。
④矍：音「絕」。矍鑠：形容老而身手矯健。

援告誡侄子的家書（其中有「畫虎不成反類狗」名句）。

劉秀責備梁松與竇固，並出示馬援的家書給兩人看。他倆嚇得面無人色，叩頭流血。從此，梁松把馬援恨之入骨。

馬援出征武陵蠻，戰事不順。副帥耿舒（耿弇的弟弟）上書指馬援戰術錯誤。劉秀派梁松擔任監軍，乘驛車（象徵代表朝廷）去前線，責問馬援。就在這個時候，馬援因感染瘟疫，加上操勞過度，病死戰場。於是梁松羅織罪狀，構陷已無法辯白的馬援，劉秀為此下令收回馬援的侯爵印信。

史家都不解，為何劉秀獨薄馬援。其實，劉秀是充分汲取了西漢的歷史教訓，而採取了他認為的必要措施。

當然馬援有點冤枉，因為他的家教甚嚴，他的女兒，漢明帝的馬皇后、漢章帝的馬太后，不但自身節儉，更努力壓抑外戚家族，是東漢「明章之治」的最大內助。

然而，劉秀的「帝國永續方程式」卻不能保住帝國永續。東漢近二百年國祚，除了明帝、章帝，幾乎就不曾擺脫外戚干政。諷刺的是，東漢史中最跋扈的兩個外戚家族，剛好是梁松與竇固的家族；且更因小皇帝無法忍受外戚的跋扈，藉助宦官之力剷除外戚，而造成宦官干政。

劉秀對中國歷史最大的影響（我個人認為是負面影響），是證明了「人心思漢」成立——假設是赤眉、隗囂或公孫述之一統一天下，「人心思漢」就不成立了。後來也不會出現一些延續爛政權的偏安、流亡政府（如東晉、南宋、南明），因而拖長了人民的痛苦歲月。

這是作者對《黎民恨》的結論。

國家圖書館出版品預行編目資料

黎民恨：王莽篡漢到光武中興的人心離變 / 公孫策著. -- 初版. -- 臺北市：商周出版：家庭傳媒城邦分公司發行, 2014. 02
面； 公分. -- (ViewPoint；71)
ISBN 978-986-272-528-3(平裝)

1.中國史 2.歷史故事

610.9 103000058

ViewPoint 71

黎民恨——王莽篡漢到光武中興的人心離變

作　　者／公孫策
企畫選書／黃靖卉
責任編輯／林淑華

版　　權／翁靜如、林心紅
行銷業務／張媖茜、黃崇華
總 編 輯／黃靖卉
總 經 理／彭之琬
發 行 人／何飛鵬
法律顧問／台英國際商務法律事務所羅明通律師
出　　版／商周出版
台北市104民生東路二段141號9樓
電話：(02) 25007008　傳真：(02)25007759
E-mail：bwp.service@cite.com.tw
發　　行／英屬蓋曼群島商家庭傳媒股份有限公司城邦分公司
台北市中山區民生東路二段141號2樓
書虫客服服務專線：02-25007718；25007719
服務時間：週一至週五上午09:30-12:00；下午13:30-17:00
24小時傳真專線：02-25001990；25001991
劃撥帳號：19863813；戶名：書虫股份有限公司
讀者服務信箱：service@readingclub.com.tw
城邦讀書花園 www.cite.com.tw
香港發行所／城邦（香港）出版集團
香港灣仔駱克道193號東超商業中心1樓_ E-mail : hkcite@biznetvigator.com
電話：(852) 25086231　傳真：(852) 25789337
馬新發行所／城邦（馬新）出版集團【Cite (M) Sdn Bhd】
41, Jalan Radin Anum, Bandar Baru Sri Petaling, 57000 Kuala Lumpur, Malaysia.
電話：(603) 90578822　傳真：(603) 90576622

封面設計／許晉維
版面設計／洪菁穗
內頁排版／林曉涵
印　　刷／中原造像股份有限公司
經 銷 商／聯合發行股份有限公司
新北市231新店區寶橋路235巷6弄6號2樓
電話：(02) 2917-8022　傳真：(02)2911-0053

■2014年2月6日初版　Printed in Taiwan
■2017年6月26日初版3刷
定價320元

城邦讀書花園
www.cite.com.tw

 ISBN 978-986-272-528-3

廣	告	回	函
北區郵政管理登記證			
北臺字第000791號			
郵資已付，免貼郵票			

104 台北市民生東路二段141號2樓

英屬蓋曼群島商家庭傳媒股份有限公司城邦分公司 收

請沿虛線對摺，謝謝！

書號：**BU3071** 書名：黎民恨 編碼：

請於此處用膠水黏貼

商周出版

讀者回函卡

感謝您購買我們出版的書籍！請費心填寫此回函卡，我們將不定期寄上城邦集團最新的出版訊息。

不定期好禮相贈！
立即加入：商周出版
Facebook 粉絲團

姓名：＿＿＿＿＿＿＿＿＿＿＿＿＿＿＿＿ 性別：□男 □女

生日：西元＿＿＿＿＿＿年＿＿＿＿＿＿月＿＿＿＿＿＿日

地址：＿＿＿＿＿＿＿＿＿＿＿＿＿＿＿＿＿＿＿＿＿＿

聯絡電話：＿＿＿＿＿＿＿＿＿＿ 傳真：＿＿＿＿＿＿＿＿＿＿

E-mail ：

學歷：□ 1. 小學 □ 2. 國中 □ 3. 高中 □ 4. 大學 □ 5. 研究所以上

職業：□ 1. 學生 □ 2. 軍公教 □ 3. 服務 □ 4. 金融 □ 5. 製造 □ 6. 資訊
□ 7. 傳播 □ 8. 自由業 □ 9. 農漁牧 □ 10. 家管 □ 11. 退休
□ 12. 其他＿＿＿＿＿＿＿＿＿＿＿＿＿＿＿＿＿＿＿＿

您從何種方式得知本書消息？

□ 1. 書店 □ 2. 網路 □ 3. 報紙 □ 4. 雜誌 □ 5. 廣播 □ 6. 電視
□ 7. 親友推薦 □ 8. 其他＿＿＿＿＿＿＿＿＿＿＿＿＿＿＿

您通常以何種方式購書？

□ 1. 書店 □ 2. 網路 □ 3. 傳真訂購 □ 4. 郵局劃撥 □ 5. 其他＿＿＿

您喜歡閱讀那些類別的書籍？

□ 1. 財經商業 □ 2. 自然科學 □ 3. 歷史 □ 4. 法律 □ 5. 文學
□ 6. 休閒旅遊 □ 7. 小說 □ 8. 人物傳記 □ 9. 生活、勵志 □ 10. 其他

對我們的建議：＿＿＿＿＿＿＿＿＿＿＿＿＿＿＿＿＿＿＿＿
＿＿＿＿＿＿＿＿＿＿＿＿＿＿＿＿＿＿＿＿
＿＿＿＿＿＿＿＿＿＿＿＿＿＿＿＿＿＿＿＿

請於此處用膠水黏貼